Robert Northoff

Inklusive Gemeinschaftsschule

Ein diskursives Votum

Logos Verlag Berlin

λογος

Bibliografische Information der Deutschen Nationalbibliothek

Die Deutsche Nationalbibliothek verzeichnet diese Publikation in der
Deutschen Nationalbibliografie; detaillierte bibliografische Daten sind
im Internet über http://dnb.d-nb.de abrufbar.

ISBN 978-3-8325-3268-0

Logos Verlag Berlin GmbH
Comeniushof, Gubener Str. 47,
D-10243 Berlin
Germany

Tel.:   +49 (0)30 / 42 85 10 90
Fax: +49 (0)30 / 42 85 10 92
http://www.logos-verlag.de

Der Autor

Robert Northoff studierte Recht und Psychologie in Freiburg und Lausanne. Er arbeitete zunächst als Richter in Hamburg und folgte dann 1993 einem Ruf an den Fachbereich Soziale Arbeit, Bildung und Erziehung an der Hochschule Neubrandenburg, die er auch von 1998 bis 2002 als Rektor leitete. Als Hochschullehrer lehrt er insbesondere in den Bereichen Kinder- und Jugendhilferecht und Familienrecht, daneben ist er in der Weiterbildung, als Supervisor, Mediator und Qualitätsmanager, auch für Bildungseinrichtungen, tätig. Er ist Landesvorsitzender der Arbeitsgemeinschaft für Bildung in Mecklenburg-Vorpommern.

Für E.

Besonderer Dank gilt meinen Mitstreiterinnen und Mitstreitern von der Arbeitsgemeinschaft für Bildung AfB, meinen Kolleginnen und Kollegen von der Hochschule Neubrandenburg und meinen studentischen Mitarbeiterinnen und Mitarbeitern, die mich durch ihre Hilfe und kritischen Hinweise vielfältig unterstützt haben.

3

Inhalt

Einleitung: Unsere Zukunft fordert uns heraus

Es ist auch unter jungen Menschen weitgehend unbestritten, dass eine gute Ausbildung der Königsweg zu einem selbstbestimmten und gelingenden Leben ist. Die allermeisten Eltern sehen das genauso, sie wünschen sich die optimale Förderung, den größtmöglichen beruflichen Erfolg und manche auch die Erfüllung der eigenen nicht realisierten Träume. Auch unsere Wirtschaft verlangt die bestmögliche Bildung für alle, wir können es uns nicht erlauben Ressourcen ungenutzt zu lassen, denn eine demographische Entwicklung mit konstant niedrigen Geburtenzahlen und junge Menschen, die sich zunehmend mit ihrem Wissen und ihren Kompetenzen global messen lassen müssen, fordern uns bildungspolitisch heraus.

So groß der Konsens hinsichtlich dieser Diagnose ist, so groß ist der Streit hinsichtlich des Weges dorthin. Hier stoßen scheinbar fest gefügte Positionen aufeinander, Tradition bewahrender Konservativismus und die Veränderung suchende Fortschrittlichkeit, selbst zu verantwortender Individualismus und auf Gemeinsamkeit setzender Sozialismus. Immer wieder geht es auch um eine soziologische Ebene, bei der „radikal-optimistische Konstruktivisten" und „konsequent-pessimistische Realisten" darüber streiten, ob der Mensch allein als soziales Konstrukt verstanden werden kann oder in mancherlei Hinsicht eben nicht veränderbar ist. Die konstruktivistische Idee spiegelt sich dann auch in Thesen, wonach gesellschaftliche Standards, Noten und Zeugnisse und eine vergleichende Diagnostik abgelehnt werden, weil allein der intraindividuelle Leistungsfortschritt aussagekräftig sei (vgl. Prengel 2006, Wocken 2011). Die damit verbundenen Dogmen verhärten anstatt durch Differenzierung neue Wege zu eröffnen, das hat leider zu Blockaden geführt, Deutschland war lange nicht in der Lage, das Bildungssystem weiterzuentwickeln.

Zwei Anstöße von außen haben das verändert, zum einen die PISA Studien, die zeigten, dass Deutschland nicht nur bei der Chancengerechtigkeit, sondern auch im Leistungsbereich großen Nachholbedarf hat, zum anderen die 2009 in Kraft getretene UN-Behindertenrechtskonvention, die deutlich machte, dass wir weit entfernt sind von einem inklusiven, auch Menschen mit besonderem Bedarf einschließenden, Bildungssystem. Daraus haben sich inzwischen vielfach diskutierte Herausforderungen entwickelt, der Wunsch nach mehr Chancengerechtigkeit unabhängig von der Lernausgangslage, ergänzt durch eine verstärkte individuelle Förderung, eint über alle Parteiengrenzen hinweg.

Derzeit ist die Inklusion in vielen Bundesländern das bildungspolitisch dominante Thema. Das ist gut so. In der Praxis geht es dabei um die Entwicklung von der Integration zur Inklusion, es geht nicht nur darum, etwas Fremdes einzuordnen und passend zu machen, sondern Vielfalt wird zum natürlichen Merkmal der Schule und Gemeinschaft bedeutet wohlwollenden Umgang mit Anderen. Nicht der „behinderte" Mensch ist das Problem, sondern die mangelhafte gesellschaftliche Unterstützung, dementsprechend wird nicht mehr so sehr an eine Behinderung angeknüpft, sondern es geht um Menschen mit Stärken und Schwächen, von denen einige eben einen besonderen Bedarf haben.

Doch sollten wir dabei die allgemeine Herausforderung des längeren gemeinsamen Lernens nicht aus dem Blick verlieren. Der Ausbildungsweg junger Menschen sollte, auch wenn sie keine Behinderung haben, nicht durch ihre soziale Herkunft bestimmt werden, die Zuordnung der vermeintlich Leistungsschwächeren an bestimmte Schultypen sollte nicht nur bei Behinderungen, sondern generell unterbleiben. Denjenigen, die in einzelnen Bundesländern nicht nur das alte System verbessern, sondern neue Wege erproben wollen, geht es dabei längst nicht mehr nur um eine Alternative zum Gymnasium durch eine Gesamtschule. Es geht ihnen um eine Chancengerechtigkeit herstellende Gemeinschaftsschule neuer Prägung, zu der jeder junge Mensch ohne selektive Auswahlverfahren und ohne Ansehen der sozialen Herkunft Zugang hat, und die nicht nur durch äußere Strukturen, sondern auch durch Veränderungen nach innen neu auf Gemeinschaft ausrichtet und einen demokratischen Lern- und Lebensraum bereit stellt, in welchem Lehrkräfte, schulische Mitarbeiterinnen und Mitarbeiter, Schülerinnen und Schüler, Eltern und außerschulische Partner empathisch, respektvoll und zielorientiert zusammenarbeiten.

Warum wir eine solche Gemeinschaftsschule so dringend brauchen, wie sie in der Praxis aussehen könnte und welche Aufgaben dabei zu bewältigen sind, soll in diesem Buch erörtert werden. Insofern sollte allerdings nicht „die" Definition „der" Gemeinschaftsschule erwartet werden, denn die Variabilität der Menschen und die Umstände vor Ort können innersystemische Anpassungsprozesse verlangen.

Auch ist dies kein Buch zu speziellen Themen der Inklusion, wer insofern interessiert ist, sei auf die inzwischen kaum mehr übersehbare Literatur und die dort nachzulesenden Forderungen – Überarbeitung der Gesetzgebung, neue Lehrer/innen/ausbildung, inklusive Schulcurricula, allgemeine Einstellungsänderung – verwiesen (vgl. Deutsche UNESCO-Kommission e.V. 2009; Deutsches Institut für Menschenrechte, fortlaufende Veröffentlichungen; für die Länderebene zuletzt: Brodkorb & Koch 2012; weitere Nachweise im folgenden Text).

Vielmehr wird bei den nachfolgenden Überlegungen, ganz allgemein und über die Inklusionsdiskussion hinausgehend, eine schrittweise Annäherung an das längere gemeinsame Lernen und günstige Rahmenbedingungen versucht, nicht als kleinteiliges wissenschaftliches Werk, diese Aufgabe wäre zu groß für den gewählten Rahmen, aber doch mit dem Anspruch, naheliegende Fragestellungen und Sichtweisen aufzugreifen, nicht aus enger parteipolitischer Sicht, sondern offen und nachdenklich gegenüber unterschiedlichen Zugängen, aber doch aus der im Laufe der Arbeit an diesem Thema noch verfestigten Auffassung, dass das längere gemeinsame Lernen ein zukunftsweisender Schritt ist.

Dabei wird sich erweisen, dass die Gemeinschaftsschule, wie eine Art Oberbegriff, zwar aus einem eigenen Blickwinkel beleuchtet werden kann, dass sie aber letztlich mit der Inklusion untrennbar verbunden ist. Denn Gemeinschaftsschule darf sich nicht darauf beschränken, soziale Benachteiligungen und Leistungsdefizite auszugleichen, sie ist nur dann konsequent, wenn sie auch inklusiv ist. Ebenso ist Inklusion ohne Gemeinschaftsschule kaum denkbar, denn sie ist der Rahmen, in welchem sich körperliche, geistige und psychische Behinderungen bestmöglich aufarbeiten lassen.

1. Perspektiven gelingender schulischer Bildung

Die Parameter guter Bildung sind so vielfältig wie die durch sie geformten Menschen. Die Sichtweisen sind sicher auch kulturabhängig, das zeigt nicht nur ein Blick in die Geschichte der Schulen, sondern auch der Vergleich gegenwärtiger Bildungssysteme. Die Republik Korea z.b. lebt in der Tradition einer konfuzianischen Leistungsorientierung, ein nordeuropäisches Land wie Finnland betont vor allem den sozialen Ausgleich.

Für Deutschland lässt sich festhalten, dass das Grundgesetz einen fundamentalen Wertekanon darstellt, der allerdings die Bildungsparameter nicht konkret benennt. Wenn hier nachfolgend fünf Perspektiven gelingender schulischer Bildung diskutiert werden, dann nicht, weil diese damit abschließend benannt werden sollen, sondern deswegen, weil damit in der bildungspolitischen Diskussion besonders häufige und unter Demokratiegesichtspunkten damit offensichtlich auch besonders wichtige Eckpfeiler geklärt werden sollen.

1.1. Individuelle Perspektive: Entfaltung der Potenziale

Aus individueller Perspektive steht regelmäßig die bestmögliche Entfaltung der persönlichen Potenziale im Vordergrund, das ist durch Art. 2 Abs. 1 GG (die freie Entfaltung der Persönlichkeit) grundgesetzlich garantiert. Die Grenzen dieser Freiheit ergeben sich aus unseren bildungspolitischen Gesetzen und Normen; zum einen besteht eine Schulpflicht, das ergibt sich angesichts der Bildungshoheit der Länder aus den Landesverfassungen, zum anderen sind die jungen Menschen an die in den Schulgesetzen definierten Angebote gebunden. Diese Normen geben sowohl die Schulstruktur wie auch die zu vermittelnden Inhalte vor, sie regeln damit auch die Art der Entfaltung der persönlichen Potenziale.

In der Diskussion um das für den Einzelnen beste Schulsystem sind die Positionen weit gestreut. Einige schulkritische Ansätze möchten in die Entwicklung der jungen Menschen bildungspolitisch möglichst gar nicht eingreifen. Modellprojekte wie die Schule im englischen **Summerhill**, wo die Schülerinnen und Schüler selbst entscheiden konnten, ob und was sie lernen wollten, haben zwar in besonderem Maße kreative Personen wie Künstler oder Schauspieler hervorgebracht, der Anteil von Schulabgängern, die bereit waren, arbeitsintensive und unattraktive Berufe (Landwirt, Müllwerker) zu ergreifen, war jedoch vergleichsweise gering (vgl. Neill 1969/2009, 45 ff., 310 ff.). Die meisten Summerhill Jugendlichen lernten zwar unabhängig, selbstsicher und tolerant zu werden, das Zusammenleben war teilweise aber auch anarchisch und durch die Dominanz der Aggressiveren bestimmt. Insbesondere fehlte es ihnen nach eigener Einschätzung aber an solider Bildung, so dass es ihnen nicht leicht fiel, sich den gesellschaftlichen Anforderungen anzupassen. Die Erfahrungen aus Summerhill, wo übrigens bis in die Gegenwart noch unterrichtet wird, zeigen uns dreierlei: Grundlegende Bildung ist für das spätere Leben hilfreich, Schule als der dafür mögliche Ort muss auch den sozialen und gesellschaftlichen Kontext beachten, für die Entfaltung der Potenziale ist ein Unterricht sinnvoll, der die Lernenden im Mittelpunkt sieht, ihnen bei Bedarf auch Freiräume anbietet und sie fördernd auf ihrem Weg begleitet.

Moderate Stimmen kritisieren vor allem die Zergliederung unseres Schulsystems und fordern eine Gemeinschaftsschule. Unser gegenwärtiges Schulsystem sei für eine breite Entfaltung der Potenziale nicht günstig, denn vorgegebene selektive Schulstrukturen, hierarchische

Einordnungen und radikales Aussteuern der vermeintlich schwächeren Schülerinnen und Schüler behindern die Entwicklung anstatt sie sinnvoll zu begleiten. Sie sehen die Schwächen unseres Schulsystems vor allem in den (teilweise separierenden) **Bildungsübergängen**, denn sie sind es, die (systembedingt) die freie Entfaltung behindern. Dabei stehen vier Problemfelder im Mittelpunkt, der Übergang vom Kindergarten bzw. der familiären Erziehung zur Schule, von der Grundschule zur Sekundarstufe I, von der Sekundarstufe I zur beruflichen Ausbildung und von der Sekundarstufe II zur Hochschulausbildung.

Vom Kindergarten zur Grundschule

Der Übergang vom Elternhaus bzw. Kindergarten zur Grundschule ist keineswegs für alle Eltern und Kinder ein Selbstläufer (vgl. Diehm 2008, 557 ff.). Dies liegt zunächst an den **strukturellen Unterschieden** der beiden Institutionen. Kindergarten und Schule sind eigenständige Institutionen, der Kindergarten ist im Kinder- und Jugendhilfegesetz in den §§ 22 ff. SGB VIII und den entsprechenden ergänzenden Ländergesetzen geregelt, der Schulbereich in den Schulgesetzen der Länder, der Kindergartenbesuch erfolgt freiwillig, der Schulbesuch folgt einer gesetzlichen Schulpflicht. Die Qualifikation des Personals erfolgt in unterschiedlichen Ausbildungs- und Studiengängen (Erzieherinnen- und Erzieherausbildung, Studium der frühkindlichen Erziehung einerseits und Lehrerinnen- und Lehrerausbildung bzw. Pädagogik andererseits). Dem entsprechen konzeptionell unterschiedliche Ziele. Wohl unbestritten ist die klassische Funktion des Kindergartens als Ort der Betreuung (was auch den arbeitsinteressierten Haupterziehungspersonen zu Gute kommt), als Raum für das Erlernen grundlegender Kulturtechniken und als Möglichkeit für Erfahrungen in der Gruppe. Auch moderne Aufgabenstellungen wie die Thematisierung von Natur und Umwelt, Gesundheit und Kinder- und Jugendschutz oder von Strukturen des Straßenverkehrs stoßen meist auf gute Akzeptanz. Strittig wird der Diskurs aber häufig bei der Frage, ob ein Kindergarten mit seinem Bildungsauftrag vor allem auf die Schule vorbereiten muss oder ob er sich bei einem Verzicht auf zu starke leistungsbezogene und schulperspektivische Anforderungen vor allem der Erziehung, Bildung und allgemeinen Lebensgestaltung widmen sollte.

Damit stellt sich auch die **Übergangsproblematik** vom Elementar- zum Primarbereich, konkret also die Entscheidung über die Einschulung in die Grundschule, die, je nachdem wie stark diese strukturellen und konzeptionellen Unterschiede ausgelebt werden, zu erheblichen Belastungen der Kinder im Streit zwischen den beiden Institutionen führen kann. Das gegliederte und auf Segregation ausgerichtete Schulsystem reagiert traditionell auf diese Situation durch Schulfähigkeitsuntersuchungen, die eine Einschulung, eine Zurückstellung oder auch eine vorzeitige Einschulung nahelegen.

Ältere Untersuchungen zeigten, dass im Schuljahr 1999/2000 lediglich etwa 89% der schulpflichtigen Kinder fristgerecht eingeschult wurden, die Quote der Zurückstellungen belief sich auf 6,6%, die der vorzeitigen Einschulungen auf 4,4,%. Dabei gab es erhebliche Länderunterschiede, die Zurückstellungsquote lag in Bayern mit 3,9% am niedrigsten, in Mecklenburg-Vorpommern mit 14,7% dagegen am höchsten. Dem Bildungsbericht 2012 (Autorengruppe Bildungsberichterstattung 2012, Tabellen C5-2A und C5-3A) lässt sich entnehmen, dass im Schuljahr 2010 lediglich etwa 88% der schulpflichtigen Kinder fristgerecht eingeschult wurden, die Quote der Zurückstellungen belief sich auf 7,5%, die der vorzeitigen Einschulungen auf 4,5,%. Auch dabei gab es erhebliche Länderunterschiede, die Zurückstellungsquote lag in Westdeutschland nunmehr bei 7,8%, in Ostdeutschland aber nur noch bei 5,9%. Von

Rückstellung besonders bedroht sind dabei Jungen und Kinder mit Migrationshintergrund (vgl. Diehm 2008, 571, m.w.N.; vgl. Autorengruppe Bildungsberichtserstattung 2012, Abbildung C5-2A). Diese Zahlen können nicht befriedigen und haben in zahlreichen Bundesländern zu Reformbemühungen geführt. So ist es z.b. denkbar, im Kindergarten frühzeitig die Sprachkompetenzen zu prüfen und individuelle Förderung anzubieten, es sollte zumindest für das letzte Kindergartenjahr eine (wie z.b. in Frankreich und anderen Ländern übliche) mehr oder weniger verbindliche **Vorschule** angedacht werden, oder es können in Kooperation der zuständigen Ministerien (Ministerium für Schule und das für Kinder- und Jugendliche zuständige Ministerium) gemeinsame Bildungskonzeptionen z.b. bis zum zehnten Lebensjahr entwickelt werden (vgl. die Bildungskonzeption für 0 bis 10-jährige Kinder in Mecklenburg-Vorpommern" URL 1).

Eine wirkliche Verbesserung der Durchlässigkeit und eine noch weitergehende Förderung der Potenziale lassen sich aber wohl nur durch eine **Gemeinschaftsschule** erreichen. Sie basiert auf einer integrativen Strategie, bei der als Regel auf Zurückstellungen möglichst verzichtet wird und bei der alle schulpflichtigen Kinder ohne Überprüfung ihrer Schulfähigkeit ganz allgemein eingeschult werden und in der dann an Stärken und Schwächen durch eine individuelle und sozialpädagogische Förderung gearbeitet wird. Schule würde dabei Anleihen bei einem reformpädagogischen Kindergarten machen, der ja ebenfalls auf Selektion verzichtet und den Umgang mit Heterogenität lebt und darauf vor allem mit Förderung reagiert. Die manchenorts (vor allem im Hinblick auf die Inklusion) üblichen Diagnoseförderklassen können zwar helfen, eine besonders kompetente fachliche Infrastruktur vorzuhalten, sie führen aber in der Regel zu einer Segregation in neuem Gewand, auf sie sollte daher grundsätzlich verzichtet werden. Vorzuziehen ist insofern eine flexible Eingangsstufe in den ersten Klassen, bei der mit einer verstärkten Binnendifferenzierung Unterrichtsalternativen erprobt und evtl. auch freiwillige Wiederholungen erwogen werden (dazu mehr unter 4.2.).

Von der Grundschule zur Sekundarstufe I

Der Übergang von der Grundschule zur Sekundarstufe I ist wahrscheinlich für viele Schülerinnen und Schüler noch gravierender, ist er doch im gegliederten System nicht nur mit einem horizontalen Übergang, sondern auch noch mit einer den schulischen Erfolg vororganisierenden vertikalen Zuordnung (v.a. zu Hauptschule, Realschule, Gymnasium) verbunden. Betroffen sind in Deutschland mehr als 700.000 Schülerinnen und Schüler (Autorengruppe Bildungsberichterstattung: Bildung in Deutschland 2012, 39), anders als in den allermeisten anderen europäischen Ländern typischerweise schon am Ende der vierten Klasse.

Die **Problematik einer so frühen Entscheidung** ist vielfach untersucht und beschrieben worden (vgl. dazu Koch 2008, 577 ff. m.w.N.). Zum einen ist der Prognosewert einer von der Grundschule ausgestellten Schullaufbahnempfehlung umstritten, weil zu diesem Zeitpunkt die kognitiven Prozesse und die Neigungen noch nicht ausgebildet sind. Zum anderen wirken sich Prozesse der sozialen Ungleichheit aus, wenn die „Messlatte" für eine Gymnasialempfehlung bei Kindern aus bildungsfernen Elternhäusern oder Kindern mit Migrationshintergrund höher liegt als bei anderen Schülerinnen und Schülern (a.a.O.). Der Elternwille ist dabei keine sichere Hilfe, weil Eltern, wie unter 1.3. noch erläutert werden wird, statistisch gesehen eine Neigung haben, ihren eigenen Bildungsstatus zu reproduzieren (vgl. Gresch, Baumert & Maaz 2009, 230 ff.). Und die Lehrkräfte stecken in dem Dilemma, zwischen unsicherer Begabungsauslese und möglicher Begabungsförderung entscheiden zu müssen.

Die Minderung dieser Problematik wird auch im **herkömmlichen gegliederten Schulsystem** versucht. So hat es in den letzten Jahren eine Reihe von Untersuchungen gegeben, um den **Prognosewert** der Entscheidungen zu erhöhen (vgl. Maaz, Baumert & Trautwein 2009, 11 ff., m.w.N.). Die Ergebnisse sind nicht wirklich befriedigend, teilweise werden spezifische Tests empfohlen, die möglicherweise eine größere Vorhersagegenauigkeit erreichen könnten. Andere Vorschläge gehen dahin, die Lehrerinnen und Lehrer pädagogisch besser vorzubereiten, indem man ihre Fähigkeit zur qualifizierten Beobachtung schult und sie auch didaktisch besser auf den Übergang vom ungefächerten Unterricht zum Fachunterricht vorbereitet. Diese Überlegungen kann man auch auf die Schulen als Institution beziehen, Grundschulen und weiterführende Schulen könnten sich zur Vorbereitung von Übergängen zusammensetzen, um eine gewisse Kontinuität und methodische Annäherungen zumindest für eine Übergangszeit sicherzustellen. Eher subjektorientierte Vorschläge wollen die Schulangst, einen möglichen Leistungsabfall und Selbstkonzeptveränderungen (von einer der besten Schülerinnen an der Grundschule zum Mittelmaß bei der weiterführenden Schule) bearbeiten und sehen deutlichen individualpädagogischen Handlungsbedarf, der sich über die persönlichen Reaktionsformen bei biographischen Änderungen Sorgen macht und pädagogisch und vielleicht sogar therapeutisch reagiert.

Der wohl grundlegendste Vorschlag zielt darauf, die **frühe Entscheidung nach hinten zu verschieben, es wird das längere gemeinsame Lernen verlangt** (vgl. Koch 2008, 588). Bescheidene Ansätze wünschen sich zumindest eine zweijährige Orientierungsstufe, so wie sie z.B. Mecklenburg-Vorpommern eingeführt hat, wobei diese Stufe in verschiedenen Schultypen möglich sein kann. Andere schlagen die sechsjährige Grundschule vor, weitergehende vor allem sozialdemokratische und den Grünen oder der Linken zuzuordnende Ansätze empfehlen eine acht- oder besser noch zehnjährige Gemeinschaftsschule, wie sie auch in anderen bei PISA erfolgreichen Ländern wie Finnland üblich ist (mehr dazu vgl. 3.1.). Eine solche Gemeinschaftsschule würde in der Tat dieses Übergangsproblem deutlich mildern, wohl selbst dann, wenn damit ein Wechsel vom Gebäude der dezentralen Grundschule in ein anderes Gebäude einer zentraleren Gemeinschaftsschule verbunden wäre.

Von der Sekundarstufe I in die Berufsausbildung

Der Übergang von der Sekundarstufe I in die Berufsausbildung dürfte in Deutschland nach wie vor zahlreiche Jugendliche betreffen, da Deutschland über ein traditionell starkes und erprobtes duales Ausbildungssystem mit Berufsschule und Lehre (bzw. mit einem zentralen schulischen Teil und beruflichen Praktika) verfügt.

Dieser Übergang verlangt von den jungen Menschen in der Mitte des zweiten Lebensjahrzehnts eine auch auf die ökonomische Sicherung der Existenz ausgerichtete, regelmäßig sehr **konkrete Berufsorientierung**. Die damit verbundenen Probleme sind vielfältig. Ein erstes Problem ist die vom jungen Menschen verlangte berufliche Orientierung, er kennt die Berufsfelder häufig nur vom Hörensagen oder vielleicht von seinen Eltern, Schule hat insofern eine wichtige Vorbereitungsaufgabe. Ein zweites Problem stellt die vor allem von der Wirtschaft immer wieder eingeforderte Berufsreife dar, meist wird sie festgemacht an grundlegenden Kompetenzen in der Rechtschreib- und Rechensicherheit. Ein drittes Problem sind die raschen Veränderungen der Arbeitswelt, die immer wieder auch Arbeitsplatzrisiken in sich bergen, und die es deswegen nahelegen, Bildungsoptionen länger offen zu halten (vgl.

Pätzold 2008, 593 ff.; vgl. die Arbeitsgemeinschaft für Bildung, AfB, Expertenanhörung am 26.11.2010; jeweils m.w.N. auch zu den nachfolgenden Überlegungen).

Ein solcher **Übergang ist in nahezu allen Schulsystemen erforderlich**, unabhängig davon, ob es sich um ein gegliedertes Modell oder das Modell einer Gemeinschaftsschule handelt. Denn gesellschaftlicher Fortschritt hängt nicht allein von an der Universität vermittelten intellektuellen Kompetenzen und den Wissenssprüngen in Promotionen und Habilitationen ab, sondern auch von den in der beruflichen Ausbildung vermittelten handwerklichen, kaufmännischen und sozialen Fähigkeiten, von Kompetenzen im Dienstleistungsbereich oder von den anwendungsorientierten wissenschaftlichen Kompetenzen, die an Fachhochschulen vermittelt werden. Auch Länder mit einem längeren gemeinsamen Lernen und Spitzenleistungen in PISA Untersuchungen wie Finnland sehen Übergänge in eher anwendungsorientierte, polytechnische Bildungsgänge und solche in das klassische Universitätsstudium vor.

Unterschiedlich beantwortet wird dabei die **Frage, ob der Übergang nach der 9. oder der 10. Klasse oder gar erst nach der 11. oder 12. Klasse** erfolgen sollte. Das deutsche System kennt alle Übergänge, mit (und auch ohne) Hauptschulabschluss, mit mittlerer Reife, nach der 11. Klasse ins Fachhochschulstudium und schließlich nach dem Abitur. Bedenkt man, dass wir einerseits ein gut erprobtes und weltweit geachtetes duales Berufsausbildungssystem haben, andererseits aber Orientierungsnöte und fehlende Berufsreife eine längere Beschulung nahelegen, wird man den frühesten Übergang nach der 10. Klasse, also typischerweise mit der mittleren Reife, verorten können, wobei dann die Weiterleitung in das Berufsschulsystem oder in ein alternatives berufsnahes Schulsystem erfolgt.

Damit ist die eigentliche Übergangsproblematik aber noch nicht gelöst. Schule sollte zukünftig noch stärker als bisher die **individuelle Entscheidungsfindung unterstützen**, indem durch den Unterricht geholfen wird, eigene Stärken und Potenziale zu erkennen und diese auch in berufliche Umfelder einzuordnen. Dazu gehört die Vorstellung einzelner Berufsfelder durch Besuche bei der Arbeitsagentur oder durch Berichte eingeladener Eltern oder Berufsschullehrerinnen und -lehrer. Vertiefungen können erreicht werden durch Betriebspraktika, vor allem für Schülerinnen und Schüler, aber auch für Lehrerinnen und Lehrer. Schulen müssen sich über die Erwartungen der Arbeits- und Wirtschaftswelt informieren, das erforderliche Grundwissen sicherstellen, spezifische Bedarfe wie die Bewerbung mit all ihren Anlagen einüben. Lehrabbrüche scheitern häufig an Problemen mit den Ausbilderinnen und Ausbildern, Schule muss junge Menschen auch insofern vorbereiten, sie müssen mit anderen Sichtweisen und anderen Lebensformen umgehen, angemessene Reaktionen entwickeln und die Notwendigkeit, aber auch die Grenzen von beruflich bedingten Weisungen erfassen können.

Wenn wie oben vorgeschlagen der Übergang für das Ende der 10. Klasse verortet wird, bedeutet dies, dass die **Vorbereitung auf diesen Übergang in den Klassen 9 und 10** erfolgen kann. Im Verlaufe von zwei Jahren sollte es möglich sein, neben der allgemeinen schulischen Bildung auch eine Vorbereitung auf die berufliche Bildung einzubeziehen. Auch eine Gemeinschaftsschule bis zur 10. Klasse würde zunächst grundlegende Inhalte für alle vermitteln, müsste dann aber in den letzten beiden Jahren die Übergangsthematik in ihren Lehrplan integrieren.

13

Von der Schule ins Studium

Der Übergang von der Schule ins Studium ist sowohl unter biographischen wie auch unter strukturellen Gesichtspunkten ein viel diskutiertes Thema. Für den jungen Menschen stellt sich vor allem im Jahr vor dem Abitur die Frage, ob die Noten für das präferierte Fach reichen werden oder ob sich die Wahl des Studiums nach den Zulassungsbeschränkungen richten muss. Strukturell stellt sich die Frage, wie der Übergang gestaltet werden soll, damit entsprechend dem gesellschaftlichen Bedarf und den vorhandenen Ressourcen ein auch für den Einzelnen fairer Zugang erreicht werden kann (vgl. Friebertshäuser 2008, 611 ff. m.w.N.).

Unter dem **Gesichtspunkt der Chancengleichheit** stellen sich dann Fragen wie die Notwendigkeit von Studiengebühren (die ja bekanntlich in sozialdemokratisch regierten Bundesländern nicht erhoben werden), zur Ausbildungsförderung der Studierenden, deren Eltern das Studium nicht finanzieren können, durch das BAföG, zur Finanzierung des Studiums durch einen Kredit, wie es z.B. in anderen Ländern wie den USA häufig ist, zur Zulassung und Finanzierung bei Masterstudien oder auch zur sozial schichtenden Funktion von privaten Hochschulen. Diese Faktoren sind aber vor allem im Zusammenhang mit der Hochschulausbildung zu klären.

Aus schulischer Sicht ist zunächst zu fragen, welche Aussagekraft denn das **Abitur unter den jetzigen Bedingungen** hat. Nach einer Befragung des Instituts der deutschen Wirtschaft aus dem Jahre 2001 hielt nur gut jeder zehnte Universitäts- und Fachhochschullehrer das Abitur für einen sicheren Nachweis der Studierfähigkeit, 40% hielten es immerhin für einen Ausweis tatsächlicher Hochschulreife, fast die Hälfte der Befragten traute dem Abgangszeugnis aber nur teilweise oder gar nicht (Friebertshäuser 2008, 612, 613). Dem entsprechend regeln die Hochschulen ihren Zugang heute nicht mehr allein nach den Abiturnoten, sondern entscheiden hinsichtlich einer mehr oder weniger großen Studierendenzahl nach eigenen Auswahlkriterien. Das herkömmliche Abitur (bzw. die Abiturnote) wird also zwar nicht als alleiniges Zugangskriterium, wohl aber als ein wichtiges neben anderen angesehen.

Weiter ist zu klären, wie gut unter den **Bedingungen der Gemeinschaftsschule** eine Abiturvorbereitung gelingen kann. Dies hängt u.a. davon ab, wie ganz konkret einzelne Studienrichtungen die Studierfähigkeit definieren; da Gemeinschaftsschule auch nach innen neu ausrichtet (vgl. 5.6.), sollte sie insofern Vorteile haben, doch wird es Abstimmungsprozesse geben müssen. Gemeinschaftsschule hat auch die weiteren Parameter zu diskutieren, die herkömmlicherweise den Weg zu einem guten Abitur befördern. Dazu gehören die Einführung eines Fachlehrersystems, z.B. nach der 6. Klasse, der Rückgriff auf ein Kurssystem in den höheren Schuljahren, z.B. nach der 8. Klasse, die Verortung der Gemeinschaftsschule auch an Gymnasien und der Übergang in eine auf das Abitur ausgerichtete Oberstufe. Um der größeren Heterogenität gerecht zu werden, können auch die individuell zur Verfügung stehenden Zeiträume flexibilisiert werden, so kann man je nach Bedarf für die Erreichung der Studienreife ein oder zwei weitere Jahre zur Verfügung stellen, das lässt sich insbesondere dann lösen, wenn man ein Kurssystem und zu erreichende Credits einführt.

Damit stellt sich die Frage, wie sich längeres gemeinsames Lernen auf die Studierfähigkeit auswirkt. Die Erfahrungen in den anderen Ländern wie z.B. in der Republik Korea oder in

Finnland zeigen, dass angesichts einer **höheren Anzahl von Abiturientinnen und Abiturienten** die formale Studierfähigkeit zunehmen wird. Wie leicht danach dann der Zugang zum Studium konkret ist, hängt allerdings davon ab, wie hoch unsere Gesellschaft den Bedarf an Hochschulabsolventinnen und -absolventen einschätzt, insbesondere auch im Verhältnis zu Absolventinnen und Absolventen einer Ausbildung im dualen System. Ist der Bedarf begrenzt, ergibt sich ein strukturelles Problem: Die mit der Gemeinschaftsschule erreichte größere soziale Kohärenz und größere formale Studierfähigkeit sichert nicht automatisch einen Studienplatz, an dieser Stelle muss (auf hohem Allgemeinbildungsniveau) ausgewählt werden.

Schließlich wird zu klären sein, ob denn die Studierfähigkeit überhaupt nach etwaigen Schulnoten der abgebenden Schulen oder nicht besser nach **Zugangsprüfungen** der aufnehmenden Hochschulen geregelt werden soll. Diese Entscheidung sollte man sich nicht zu leicht machen, denn eine gesonderte Zulassungsprüfung stellt gerade für die jungen Menschen eine arbeitsintensive und häufig auch stressbelastete und manchmal auch soziale Ungleichheiten verstärkende Prozedur da. Dies zeigen insbesondere auch Erfahrungen in den Ländern der PISA Spitzenreiter Finnland und Republik Korea. In Finnland ist es nicht unüblich, dass nach dem Erhalt der formalen Hochschulreife ein weiteres Jahr lang mit privaten Fortbildungseinrichtungen gepaukt wird, um die Zugangsprüfung im gewünschten Fach zu bestehen. Und in der Republik Korea ist schon in den Klassen vor dem Abschluss der 12. Klasse ein privat zu finanzierender und damit auch sozial schichtender Nachhilfestress üblich, der bei einem Versagen sogar zu erhöhten Suizidraten führen kann. Das gegenwärtige deutsche Auswahlsystem ist daher durchaus ein erwägenswertes Modell, indem es die besten Abiturienten (z.B. 50%) direkt zulässt, die übrigen 50% aber durch Zulassungsprüfungen, Motivationsschreiben, Gespräche usw. ermittelt.

1.2. Familiäre Perspektive: Elternpartizipation

„Eltern wollen für ihre Kinder nur das Beste!" lautet ein viel zitierter Politikerspruch. Richtig ist daran sicher, dass Eltern vor allem ihre eigenen Kinder im Blick haben, das gesellschaftliche Wohl ist für die allermeisten Eltern nachgeordnet.

Welche Bedeutung der Elternwille in Bezug auf die Bildung hat, lässt sich in groben Zügen dem **Grundgesetz** (GG) entnehmen. Der Elternwille wird zwar nicht in den ersten fünf Artikeln des Grundgesetzes, wohl aber in Art. 6 Abs. 2 GG angesprochen: *Pflege und Erziehung der Kinder sind das natürliche Recht der Eltern und die zuvörderst ihnen obliegende Pflicht. Über ihre Betätigung wacht die staatliche Gemeinschaft.* Das Grundgesetz entscheidet sich also weder für ein Matriarchat noch für ein Patriarchat, es nimmt vielmehr beide Eltern gemeinsam in die Pflicht, und die staatliche Gemeinschaft hat über das Kindeswohl zu wachen.

Allerdings gilt Art. 6 GG vor allem für den außerschulischen Bereich, der **schulische Bereich** ist nämlich speziell in Art. 7 GG beschrieben. Dort heißt es in Abs. 1 dazu: *Das gesamte Schulwesen steht unter der Aufsicht des Staates.* In den nachfolgenden Absätzen finden sich dann mögliche Sonderwege, wie z.B. die Privatschulen. Was die Schule betrifft, tragen also der Staat (bzw. die Länder) die Gesamtverantwortung.

Um diesen Dualismus aufzulösen, sind Eltern und Staat zur Partizipation aufgefordert, jeder hat in seinem Bereich Optimales zu leisten, eine gute Zusammenarbeit verhindert, dass Bildungsanstrengungen der Eltern und des Staates sich widersprechen. Der Staat hat dabei nicht nur eine Schutzfunktion, nach dem Sozialstaatsprinzip in Art. 20 GG hat er auch eine **Förderfunktion** und ist verpflichtet, Chancengerechtigkeit und möglichst auch Chancengleichheit herzustellen. Inwieweit es hilfreich ist, dass der Staat die Entscheidung über den dafür erforderlichen Bildungsweg den Eltern überträgt, lässt sich nicht klar beantworten. Es gibt dazu inzwischen eine Vielfalt von unterschiedlichsten Untersuchungen (vgl. Baumert, Maaz & Trautwein 2009), die in diesem Kontext nur auszugsweise angedeutet werden können.

Elternwille

Es ist grundsätzlich ein Zeichen für eine demokratische Gesellschaft, wenn sie im Rahmen der Erziehung der Partizipation des jungen Menschen und dem wohldurchdachten Elternwillen eine wichtige Bedeutung zumisst. Die Eltern sind ihren Kindern am nächsten, sie sind am unmittelbarsten betroffen, sie sind zunächst die zentrale Förderinstitution. Sie haben als Wähler einen Einfluss auf die grundlegende Bildungsausrichtung und erst recht ist ihre Meinung wichtig, wenn man Schulstrukturentscheidungen wie in Hamburg im Jahre 2010 im Wege eines Volksentscheides in ihre Hände legen und sich damit breiten gesellschaftlichen Diskussionsprozessen öffnen will. Hamburg zeigt allerdings auch, dass bei einem Volksentscheid nicht notwendig die **Mobilisierung** derjenigen erfolgt, die von mehr Chancengleichheit, z.B. im Rahmen einer Gemeinschaftsschule besonders profitieren würden, die mediale Beeinflussung und die Wahlbeteiligung scheinen hier eine wichtige Rolle zu spielen.

Befragungen außerhalb derartiger Kampagnen zeigen demgemäß auch ein anderes Bild. Dies wurde z.b. bei einer durch TNS Infratest Sozialforschung durchgeführten Befragung in Mecklenburg-Vorpommern im Jahre 2005 deutlich, bei der sich 82% der Befragten für das längere gemeinsame Lernen aussprachen und sich 68% dessen Einführung so schnell wie möglich wünschten (Schlotmann 2005). Dies gilt aber nicht nur für die östlichen Bundesländer, deren Bürgerinnen und Bürger möglicherweise noch eine gewisse Tradition der Gemeinschaftsschule verinnerlicht haben. Vielmehr zeigte auch eine Online-Bürgerbefragung der Roland Berger Strategy Consultants (in Zusammenarbeit mit der Bertelsmann Stiftung, und den Zeitungen Bild und Hürriyet), dass die Bereitschaft für einen Paradigmenwechsel groß ist. Über zwei Drittel der Teilnehmer plädierten **für einen zeitlich späteren schulischen Wechsel** auf eine weiterführende Schule, 45% votierten für einen Wechsel nach der 6. Klasse, 23% stimmten für einen Übergang nach dem 9./10. Schuljahr (Roland Berger Strategy Consultants u.a. 2011, 9, URL 2).

Wahlfreiheit

Damit ist aber noch nicht die Frage beantwortet, welche Bedeutung im Einzelfall dem Elternwillen im gegliederten Schulsystem beim Übergang in die Sekundarstufe zukommen sollte. In Deutschland finden sich dazu geradezu polarisierend zwei unterschiedliche Ausrichtungen. In Bayern, Baden-Württemberg, Sachsen und weiteren Ländern gibt es eine im Großen und Ganzen verbindliche **Schulformempfehlung**, in Ländern wie Bremen, Hessen, Niedersachsen oder Rheinland-Pfalz gilt das Elternrecht, in Mecklenburg-Vorpommern eine Orientierungsstufe mit möglichem Probeunterricht am Gymnasium (vgl. Quenzel & Hurrelmann 2010). Die verbindliche Empfehlung erfolgt also gerade in den Ländern, die im inner-deutschen PISA Vergleich im Leistungsbereich überdurchschnittliche Werte erzielten (vgl. zu PISA in Deutschland: Prenzel u.a. 2007). Die Schwächen solcher Schulempfehlungen wurden aber bei einer Untersuchung der Vodafone Stiftung (Maaz u.a. 2011, 8 ff.) deutlich. Die Autoren verglichen das Ergebnis eines standardisierten schriftlichen Leistungstests mit Schulempfehlungen und Noten. Dabei zeigte sich, dass die Notenvergabe sich zu 49% mit der Leistung der Schülerinnen und Schüler erklären lässt, dass die Noten aber im Übrigen auch mit dem sozialen Status der Eltern und dem elterlichen Bücherbesitz als Anzeichen von Bildungsnähe korrelieren. Der **Einfluss der sozialen Herkunft** ist nun seinerseits zu 51% auf je nach Schichtzugehörigkeit tatsächlich unterschiedliche Leistung zurückzuführen, zu 23% entsteht die soziale Ungleichheit aber durch die je nach Schichtzugehörigkeit ungleiche Einschätzung der Lehrkräfte (bei gleicher Leistung im Test), zu 26% entsteht soziale Verzerrung durch ungleiche Notenvergabe (bei gleicher Leistung) während der Grundschulzeit.

Interessant ist auch die Frage, wie die Wahlfreiheit der Eltern die sozialen Disparitäten beeinflusst. Ganz allgemein scheint es so zu sein, dass die sozialen Disparitäten in Bundesländern mit bindenden Empfehlungen deutlich stärker ausgeprägt sind als in denjenigen, in denen die Eltern frei entscheiden können, denn bei bindenden Empfehlungen ist die Übergangsquote ins Gymnasium geringer. Allerdings scheint im konkreten Einzelfall die freie Elternwahl eher die Oberschicht zu bevorzugen. Eltern mit hohem Status versuchen dann auf jeden Fall, ihr Kind auf das Gymnasium zu schicken. Eltern mit niedrigem Status neigen offenbar bei freier Elternwahl dazu, ihren **eigenen Status bei der Wahl des Bildungsweges für ihr Kind zu reproduzieren**, auch wenn das Kind möglicherweise eine gymnasiale Leistung erbringen könnte (vgl. Gresch, Baumert & Maaz 2009, 230 ff.). Auch hinsichtlich der sozialen Ungleichheiten ist der Elternwille also nicht notwendig ein erfolgversprechender Weg, die unteren Schichten nutzen ihre Möglichkeiten zu wenig.

Elternbeteiligung

Fassen wir zusammen, so sind Partizipation und Elternbeteiligung grundlegende **Säulen demokratischer Bildung.** Der Elternwille ist allerdings keine Garantie für eine auch die unteren Schichten einschließende sozial gerechte Bildungsstruktur, er ist außerdem bei landesweiten Abstimmungen immer in Gefahr, von (allgemeinen) **politischen Positionen vereinnahmt** zu werden. Der Staat sollte sich insoweit seiner Beratungs-, Motivations- und über die Sorgen des Einzelnen hinausgehenden Gesamtverantwortung nicht entziehen.

Ein Systemwechsel zur Gemeinschaftsschule würde hier neue Wege öffnen. Bei längerem gemeinsamem Lernen ist eine frühe Wahlentscheidung nicht mehr erforderlich, der Streit darüber, wer die Kinder besser kennt, Eltern oder Lehrer, würde entfallen. Dennoch wird auf die Partizipation der Eltern nicht verzichtet, für die Gemeinschaftsschule ist diese Partizipation sogar grundlegend. **Die Gemeinschaftsschule** geht insofern **basisorientiert** vor, sie betont von vornherein die wichtige Rolle der Eltern, sie bezieht sie frühzeitig in das Schulteam mit ein, sie hört zu und verändert sich, sie informiert und überzeugt und sichert durch diesen demokratischen Prozess eine gute Entscheidungsqualität vor Ort, die nach den bisherigen Erfahrungen in der Praxis fast immer auch mit einem hohen Konsens einhergeht.

1.3. Demokratische Perspektive: Chancengleichheit

Beste Bildung für alle! Das ist eine Forderung, auf die sich breite Bevölkerungskreise und die Repräsentanten der politischen Parteien wahrscheinlich schnell einigen könnten. Der Zugang zur Bildung als dem wahrscheinlich wichtigsten Gut unserer (rohstoffarmen) Gesellschaft sollte für jeden möglich sein, dafür braucht es Chancengerechtigkeit bzw. Chancengleichheit.

Die Begriffe **Chancengerechtigkeit und Chancengleichheit** werden in der bildungspolitischen Diskussion allerdings abhängig von der Disziplin und dem theoretischen Konzept unterschiedlich genutzt und auch nicht immer gleich definiert. Meist knüpft in den sozialwissenschaftlichen Diskussionen der Begriff der Gerechtigkeit an gegebene Unterschiede an, ein System wird dann als gerecht angesehen, wenn es die Schülerinnen und Schüler nach gleichen Kriterien behandelt, wenn alle mit demselben Notensystem beurteilt, wenn jedem nach den gleichen Kriterien das Seine zugesprochen wird. Der Begriff der Gleichheit verlangt demgegenüber mehr, er stellt auch die vorgegebenen Unterschiede in Frage, um Benachteiligungen auszugleichen sind danach gesellschaftliche Veränderungen und individuelle Förderung erforderlich, niemand dürfe zurückgelassen werden und erst wenn auch die Chancen gleich seien, könne nach Gerechtigkeitsgesichtspunkten beurteilt werden (vgl. in diesem Zusammenhang Bourdieu 1996).

Der Maßstab des Grundgesetzes

Auch das Grundgesetz geht über den **Gerechtigkeitsgedanken** hinaus. In der Nachkriegszeit stand zwar vor allem Art. 3 GG im Vordergrund, er ist genau genommen eher eine Gerechtigkeitsgarantie. Dazu gehört, das niemand wegen seines *Geschlechtes* benachteiligt werden darf (Art. 3 Abs. 2 GG), formal ist das im Schulwesen auch nicht der Fall, doch haben wir inzwischen eine Situation, in der die Mädchen die Jungen schulisch sowohl quantitativ wie auch qualitativ hinsichtlich des Notendurchschnitts ein- bzw. überholt haben (vgl. die Autorengruppe Bildungsberichterstattung: Bildung in Deutschland 2012, 210). Art. 3 Abs. 3 GG untersagt die Benachteiligung wegen der *Herkunft*, formal wird bei Schulformempfehlungen auch daran regelmäßig nicht angeknüpft; differenzierte Überlegungen dahingehend, ob Kinder aus statusniedrigen Elternhäusern eine geringere Chance zum Wechsel auf ein Gymnasium haben und ob dies ein Verstoß gegen diese Norm ist, entwickelten sich erst langsam.

Allerdings ist Art. 3 durch das **Sozialstaatsprinzip** zu ergänzen. Dieses Prinzip wird zwar im Grundgesetz nicht ausdrücklich so bezeichnet, es wird aber aus den Art. 20 Abs. 1 und 28 Abs. 1 GG, die auf Grund ihrer Position und Formulierung grundlegende Säulen unseres Staats beschreiben, abgeleitet und lässt sich durch Art. 1 GG, die Unantastbarkeit der Würde des Menschen, ergänzen. Das Bundesverfassungsgericht rekurriert in ständiger Rechtsprechung regelmäßig darauf (vgl. u.a. BVerfGE 38, 258, 270 f., BVerfGE 66, 248, 258, BVerfGE 45, 63, 78 f.) und fasst darunter nicht nur die Verpflichtung des Staates zur Daseinsvorsorge, sondern auch die Verpflichtung, dort, wo in der Gesellschaft Schwache nicht die gleichen Voraussetzungen und die gleichen Chancen für die persönliche Entfaltung wie die überwiegende Mehrheit der Menschen in unserem Staate haben, einzugreifen (vgl. BVerfGE 59, 231, 263, vgl. BVerfGE 82, 60, 80). Insofern wird man auch die Förderung junger Menschen in der Schule als eine staatliche Verpflichtung ansehen müssen.

Soziale Ungleichheiten im Bildungssystem

Die Genese sozialer Ungleichheit im institutionellen Kontext der Schule analysieren Maaz, Baumert und Trautwein (Maaz, Baumert & Trautwein 2009, 11 ff., mit zahlreichen weiteren Nachweisen). Sie begründen zunächst, dass soziale Ungleichheiten im Bildungssystem auch international ein gut dokumentierter Befund sind (vgl. dazu auch PISA 2009 Results: Overcoming Social Background, OECD 2010 Volume II) und identifizieren dann vier Bereiche, in denen diese sozialen Ungleichheiten entstehen und verstärkt werden können.

(1) Bildungsübergänge

Der erste Bereich sind die Empfehlungen und Entscheidungen an Bildungsübergängen. Dabei spielen dann die **Sozialisation** im Elternhaus (kognitive und soziale Fertigkeiten), die Kosten der Bildung (generell und im konkreten Fall) und die Erwartungen an den Nutzen von Bildung (Statuserhalt bzw. sozialer Aufstieg) eine wichtige Rolle. Die Entscheidung über den weiteren Bildungsweg hängt zwar formal häufig von den Schulnoten ab, diese sind allerdings ihrerseits von den oben genannten Faktoren beeinflusst. Dabei scheint es auch eine Rolle zu spielen, ob das Elternhaus von den Lehrkräften (und den Eltern selbst) als unterstützende Ressource eingeschätzt wird. Die relativen Chancen des Besuchs einer höheren Schule, das belegen zahlreiche Untersuchungen, hängen dabei jedenfalls auch von der Sozialschichtzugehörigkeit der Eltern ab (Maaz, Baumert & Trautwein 2009, 13 ff.).

(2) Verhalten der Lehrkräfte

Der zweite Bereich betrifft die Frage, ob es zwischen dem Sozialstatus der Schülerinnen und Schüler einerseits und der Ausbildung der Lehrkräfte und der **schulischen Kultur** andererseits zu einer Verstärkung sozialer Ungleichheiten kommt. Nach dem Ansatz des französischen Soziologen Bourdieu ist Schule generell eine Institution der Mittelschicht, die auch Mittelschicht reproduziert (vgl. Bourdieu 1973, 88 ff.). Die neueren deutschen Studien bestätigen das so generell aber nicht, es ist zu differenzieren, denn auf Schul- und Lehrerebene scheint es erhebliche Unterschiede zu geben. Die soziale und kulturelle Herkunft von Lehrkräften ist inzwischen sehr heterogen und in vielen Schulen gibt es bereits programmatisch die Förderung von Kindern mit Benachteiligungen, so dass sich ein allgemeiner Verstärkungseffekt bisher nicht feststellen lässt (Maaz, Baumert & Trautwein 2009, 23 ff.).

(3) Schulsystem

Der dritte Bereich bezieht sich auf die Überlegung, ob soziale Ungleichheiten auch durch eine „bessere Beschulung" verstärkt werden, indem z.B. Kinder in Gymnasialklassen im Kontext sozial besser gestellter Familien erzogen werden und dort auch überdurchschnittliche Leistungszuwächse erreichen. Da Schulleistung mit sozialer Herkunft assoziiert ist, finden in Schulsystemen, die wie gegliederte Systeme stark nach Leistung differenzieren, auch eine „soziale Homogenisierung" innerhalb der Leistungsgruppen und eine soziale Differenzierung zu Gruppen mit geringerer Leistung statt. Eine solche **soziale Differenzierung ist besonders stark in Ländern wie Deutschland** mit einer frühen Zuordnung zu unterschiedlichen Schulformen. In Ländern mit längerem gemeinsamem Lernen findet dieser Prozess auch statt, so durch fachbezogene oder fachübergreifende oder neigungsorientierte Kurse, er ist aber weniger ausgeprägt. Im Einzelnen ist hinsichtlich der Auswirkungen sozialer Ungleichheiten aber zu differenzieren. So gibt es auch in Deutschland Gymnasien, die den Realschulabschluss und damit einen Hauch von Gemeinschaftsschule anbieten, ebenso gibt es zahlreiche Gesamtschulen, die auch nach Leistungskursen differenzieren. Auch können sich dieselben Schulformen hinsichtlich der sozialen Zusammensetzung und des Fähigkeitsniveaus der Schülerinnen und Schüler unterscheiden, schließlich wirkt sich soziale Ungleichheit nicht in allen Fächern gleich aus.

(4) Soziale Defizite

Der vierte Bereich betrifft die Annahme, dass Bildungsungleichheiten auch außerhalb des Bildungssystems entstehen können. Die Ursachen können individueller, familiärer oder regionaler Art sein, Kinder haben z.b. unterschiedliche motorische, sprachliche oder mathematische Fähigkeiten, ein stark variierendes pubertäres Verhalten, Elternhäuser können unangemessenes soziales Verhalten oder aggressive Konfliktbearbeitungen korrigieren oder stärken, das regionale Umfeld kann anregen und fördern oder viel Kraft für die Sicherung der Lebensgrundlagen abverlangen. Soziale Ungleichheiten können also auch durch Entwicklungs- und Sozialisationsfaktoren außerhalb der Schule verstärkt werden (vgl. dazu im Einzelnen: Northoff, Sozialisation, Sozialverhalten & psychosoziale Auffälligkeiten, Kapitel 1, 2012c). Schule scheint dabei im Vergleich zum Lernen im sozialen Milieu eine geradezu die **Ungleichheit vermindernde Rolle** zu spielen. Dies lassen jedenfalls insbesondere internationale Studien zum sog. „Sommerlocheffekt" vermuten. Diese zeigten, dass die Leistungsentwicklung unterschiedlicher Sozialschichten während der Schulzeit parallel lief, wohingegen sich die Leistungsschere in der schulfreien Zeit während der Sommer- und Winterferien deutlich öffnete, die Kinder unterer sozialer Schichten fielen während dieser Zeit im Leistungsniveau zurück (Maaz, Baumert & Trautwein 2009, 32 ff.). Man wird danach annehmen können, dass Schule generell, insbesondere aber als Ganztagsschule und Gemeinschaftsschule eine Kompensationsfunktion hat.

Fassen wir diese Ergebnisse zusammen, so können wir feststellen, dass die soziale Ungleichheiten verstärkende Funktion einer frühen Zuordnung zu unterschiedlichen Schultypen relativ gesichert ist. Es gibt aber weitere Faktoren wie die Ausbildung der Lehrkräfte, das Schulklima, die Herkunft der Eltern oder die strenge Differenzierung nach Leistung, die ebenfalls im Zusammenhang mit sozialer Ungleichheit bedeutsam sein können, wobei allerdings die Befunde nicht immer einheitlich sind. **Gemeinschaftsschule hat insofern eine kompensierende Funktion,** denn sie separiert nicht frühzeitig, kann familiäre Defizite ausgleichen, und setzt auch nach innen auf Formen des gemeinsamen Lernens.

1.4. Ökonomische Perspektive: Wirtschaftliche Entwicklung

Bildung und Ökonomie hängen ganz offensichtlich zusammen, eine gute Bildung braucht eine solide Finanzierung, eine erfolgreiche Wirtschaft braucht gute Bildung.

Kosten und Nutzen

Bildung ist zwar als ein Menschenrecht nach Art. 28 Kinderrechtskonvention ein gesellschaftliches Gut, doch kann sich auch Bildung **Kosten-Nutzen** Überlegungen nicht völlig entziehen. Trägt man den in Europa weit verbreiteten Gedanken mit, dass gute Bildung vor allem eine staatliche Aufgabe ist, so sind dafür Steuergelder einzusetzen, diese müssen erwirtschaftet und in effizienten Lernsystemen eingesetzt werden. Und langfristig sollen die gut ausgebildeten jungen Menschen durch ihre hoch qualifizierte Arbeit über ihre Steuerzahlungen die Bildung refinanzieren. Der Nutzen guter Bildung ist aber natürlich nicht nur ökonomischer Natur, denn zu den Bildungszielen gehört auch die Vermittlung gesellschaftlicher Werte; und nicht zuletzt werden rationale und friedfertige Beziehungen zwischen den einzelnen Menschen und den sozialen Gruppen durch eine gute Bildung gefördert.

Individuum oder Gemeinschaft

Die Frage, ob bestmöglicher Bildungsnutzen sich dabei eher am Einzelnen oder eher an der Gemeinschaft orientieren sollte, wird seit jeher sehr grundsätzlich diskutiert. Meist liegen diesen Diskussionen tradierte Menschenbilder zu Grunde, und die Eckpfeiler des Streites sind dann häufig einerseits der **Glaube an individuelle Eliten und andererseits die Vision einer gleichen Gesellschaft**. Damit wird aber der Weg zur an sich gebotenen aristotelischen Mitte erschwert.

Hilfreicher erscheint es insofern, sich **nicht so sehr pauschal auf idealisierte Personen** zu beziehen, sondern differenzierend auf deren Stärken und Schwächen. Dabei kann dann durchaus nach Leistungsspitze und Leistungsbreite unterschieden werden, angelehnt an eine inhaltliche Spannbreite, deren Eckpfeiler das hoch spezialisierte Detailwissen und das meist als Allgemeinwissen bezeichnete breite Wissen sind. Und noch ein Spannungsfeld gehört dazu, es lässt sich einerseits durch das herkömmliche Wissen, andererseits durch zukunftsgerichtete Kompetenzen beschreiben.

Die Spannungsfelder lassen sich in der Praxis allerdings keineswegs immer trennen. Wer in einem bestimmten Bereich zur Leistungsspitze gehört, gehört in vielen anderen Bereichen zur Leistungsbreite und kann z.B. hinsichtlich sozialer Kompetenzen auch zum Sorgenkind werden.

Leistungsspitze

Wenn Wirtschaft sich entwickeln will, braucht sie mehr als je zuvor **kreative Ideen**, hoch gebildete Menschen, die Probleme sehen, flexibel und originell denken, Verbesserungen erahnen und viel Zeit und Kraft aufwenden, um ihre Ideen zu elaborieren und in die Praxis umzusetzen (vgl. Northoff, Kompetenzen der Arbeits- und Konfliktbewältigung, Kapitel 3.1., 2012b). Diese Ideen können von einzelnen Personen kommen wie Steve Jobs von Apple, sie können aus Brain Factories (z.B. großer Automobilunternehmen) stammen, in denen sich Gruppen von Querdenkern zusammengefunden haben, oder aus sehr großen Projekten in multidisziplinärer Zusammensetzung wie beim Apollo Mondflug Projekt in den 70er Jahren. Eine Wirtschaft ohne fleißige und strebsame Visionäre, eine Wirtschaft ohne Leistungsspitze wird stagnieren und langsam zurückfallen. Die Leistungsspitze baut aber nicht nur auf Visionen, sie baut auch auf **Detailwissen**. Besonderes Wissen in einem bestimmten Gebiet erhält man durch eine mögliche Vertiefung einzelner Fächer, durch Förderung individueller Stärken, durch spezifische Studien, durch Promotionen oder auch durch Learning on the Job, wenn man die Möglichkeiten hat, sich spezifisch zu vertiefen.

Leistungsbreite

Aber auch die Leistungsbreite ist unabdingbar. In einer hoch technisierten Welt benötigen wir mehr denn je jene Fachkräfte, die insbesondere in der **Produktion oder in der Dienstleistung** (wie z.b. beim Computer Aided Design) qualifiziert das umsetzen können, was vorher grob entworfen worden ist. Auch die Umstellung der deutschen Studienlandschaft zum Bachelor und Master verfolgt diesen Weg, eine möglichst große Anzahl von Bachelorstudierenden sichert die Leistungsbreite, Masterstudierende und Doktoranden öffnen die Leistungsspitze. Die Leistungsbreite verlangt solides **Allgemeinwissen**, nicht notwendig in allen Fächern, aber doch zumindest im Arbeitsfeld. Sie lässt sich heute in einem Land wie Deutschland nicht mehr mit niedrigen Schulabschlüssen erreichen, sie verlangt entweder den Weg über die duale Ausbildung mindestens zum Gesellen, besser noch zum Meister, oder das Fachabitur oder Abitur und einen ersten Hochschulabschluss, der grundlegend in das spätere Arbeitsfeld einführt.

Die Notwendigkeit einer von grundlegenden Kompetenzen und Allgemeinwissen geprägten Leistungsbreite und einer durch Kreativität und spezifische Kompetenzen sowie durch Detailwissen ausgezeichneten Leistungsspitze ist weitgehend unbestritten, die utopistische Hoffnung, in einem basisdemokratischen Prozess Leistungsunterschiede völlig nivellieren zu können, hat sich in derartigen Modellen angesichts unterschiedlicher Befähigungen und angesichts des schnellen Motivationsverlustes der Leistungsträger nicht realisieren lassen.

Fächerkanon

Das herkömmliche Schulsystem mit Fächern wie Deutsch (Lesen und Schreiben), Geistes- und Sozialwissenschaften, Sprachen, Mathematik, Naturwissenschaften, musischen Fächern, Sport und Religion knüpft an tradierte Werte an und setzt vor allem auf Wissensvermittlung. Auf die Zukunft ausgerichtete Überlegungen zum Fächerkanon (vgl. Erdsiek-Rave & John-Ohnsorg 2012) fordern zu Recht eine stärkere Hinwendung zum **Kompetenztraining**, hin zur Fach- und vor allem Methodenkompetenz, zum Lernen des Lernens, zu sozialen Kompetenzen wie der Fähigkeit des Konfliktmanagements, zur Erfahrung stabiler und sich verändernder Werte und zu ganz pragmatischen Kompetenzen in der Lebens- und Arbeitswelt (vgl. Koch 2012, 105 ff.). Auch die Forderung nach einer Einordnung in übergeordnete **gesellschaftliche Ziele** ist nachvollziehbar, dabei geht es um das Postulat der Gleichheit und Gerechtigkeit (Gerechtigkeitskompetenz), welches im geschichtlichen und geographischen Kanon vermittelt werden kann, um das Verständnis der Funktionsweisen und Wirkungen von Technik (technologische Kompetenz), um das Recht auf Frieden, welches durch Toleranz und Selbstreflexion in Fächern wie Religion, Ethik oder Philosophie vermittelt werden kann, um das Prinzip der ökologischen Nachhaltigkeit und der Verantwortung für die Zukunft und nicht zuletzt um die Realisierung von Teilhabe und Partizipation (Handlungskompetenz in politischen, ökologischen und sozialen Zusammenhängen) (vgl. Erdsiek-Rave 2012, 13).

Gemeinschaftsschule

Das gegliederte Schulsystem versucht den zukünftigen Anforderungen durch eine frühzeitige Selektion der vermeintlich kognitiv Leistungsstärkeren und Zuweisungen an unterschiedliche Schultypen gerecht zu werden, es gliedert u.a. nach Hauptschule, Realschule, Gesamtschule und Gymnasium. Leistungsspitze und Leistungsbreite werden dadurch allerdings frühzeitig durch fragwürdige Kriterien getrennt, sie entfremden sich voneinander, dies gilt auch für die Trennung von körperlicher und intellektueller Arbeit, Hauptschulabschluss und Lehre sind vielen in Deutschland nicht so viel Wert wie das Abitur, obwohl die Ausbildungslänge vergleichbar ist. Weltweit verzichten daher inzwischen nahezu alle Staaten auf eine derartige frühe Trennung, in Finnland sind die Schülerinnen und Schüler bei der ersten Selektion 16 Jahre, in der Republik Korea 14 Jahre alt, nur in Deutschland und Österreich erfolgt die Selektion schon mit etwa 10 Jahren (vgl. auch GEW 2006, 18, mit Bezugnahme auf die OECD Indikatoren, die sich inzwischen insofern nicht wesentlich geändert haben).

In einer Gemeinschaftsschule ließen sich **Leistungsspitze und Leistungsbreite besser zusammenführen**, die Schule wäre durch eine gemeinsame Bildungserfahrung geprägt, und es kann davon ausgegangen werden, dass durch das wechselseitige voneinander Lernen eine größere Leistungsbreite erreicht werden kann, erst recht, wenn man auf den Hauptschulabschluss verzichtet und mindestens 10 Jahre schulische Ausbildung für alle verlangt. Die Gemeinschaftsschule dürfte durch ihre Heterogenität auch die Vermittlung sozialer und reflexiver Kompetenzen und Werte erleichtern, sie ist ein ehrlicheres Abbild der Gesellschaft und ihrer Facetten und ermöglicht das schulische Ausprobieren (vgl. auch Stange 2012, 111 ff.; mehr dazu weiter unten).

Gemeinschaftsschule bringt **auch Leistungsspitzen** hervor. Sie übt stärker als andere Schulen die Arbeit in heterogenen Kleingruppen und bereitet damit auf interdisziplinäre Forschung vor, die heute eine Kernzelle des gesellschaftlichen Fortschritts ist. Auch individuelle Leistungsspitzen sind möglich, sie werden insbesondere durch die kreativen Freiräume gefördert, dazu sind aber wie auch an anderen Schulen unterstützende Bedingungen erforderlich (mehr dazu weiter unten 4.2.).

1.5. Langfristige Perspektive: Veränderung und Kontinuität

Eine Gesellschaft, die sich verändernden Bedingungen nicht anpasst, sondern verharrt, wird immer weiter zurückfallen, wer zu spät kommt, den bestraft das Leben.

Änderung und Anpassung

Die Veränderungen unserer Gesellschaft verlangen auch für unsere Bildung Anpassungsprozesse. Immer größere Wissenssprünge, Technisierungsprozesse wie durch das Internet, die Auswirkungen der Globalisierung und die Notwendigkeit demokratischer Konfliktbearbeitung lassen sich, wie oben dargelegt, mit der herkömmlichen Schule immer weniger bewältigen.

Schon die bisherigen allgemeinen Überlegungen zeigen, dass sich die Verbindung von individuellen Bedürfnissen und gesellschaftlichen Zielsetzungen am ehesten durch eine Gemeinschaftsschule erreichen lässt, denn sie verbindet besser als das gegliederte System gute Leistungen mit Chancengleichheit. Über die konkreten Rahmenbedingungen kann dabei durchaus diskutiert werden, sie sind ihrerseits Gegenstand von Veränderungen. Bildung ist weder eine einmalige noch eine kurzfristige Intervention, Bildung ist ein lebenslanger Prozess.

Kontinuität und Konsens

Bildung braucht aber auch Kontinuität. Ein schulischer Prozess von zehn oder zwölf Jahren kann nicht fortlaufend neu organisiert werden, er bedarf eines einheitlichen Konzeptes, welches eine gewisse Planungssicherheit für die Schülerinnen und Schüler und ihre Eltern sichert. Lehrkräfteausbildungen und Lehrkräftefortbildungen müssen realisiert werden, Schulgebäude und ihre Ausstattung müssen neu organisiert oder gelegentlich auch neu gebaut werden.

Kontinuität braucht insofern grundlegenden Konsens. Da das Schulwesen nach Art. 7 Abs. 1 GG unter der Aufsicht des Staates steht, muss dieser Konsens auf der politischen Ebene bestehen. Ein solcher Konsens lässt sich noch vergleichsweise einfach in derselben politischen Partei herstellen, wenn sie sich in ihrem Programm für eine Gemeinschaftsschule ausspricht. Demokratie als unverzichtbare Säule unseres Staates trägt aber immanent einen Politikwechsel nach 4 oder 5 Jahren als reale Möglichkeit in sich. Insofern stellt sich die Aufgabe, einen Konsens prinzipiell auch über Parteiengrenzen hinweg herzustellen, was gerade bei durch fundamentale Positionen gekennzeichneten bildungspolitischen Überlegungen nicht einfach ist. Dazu bieten sich verschiedene Wege an.

Wege zur Kontinuität und zum Konsens

Der klassische Weg für die Umsetzung schulstruktureller Änderungen ist die Einbeziehung von fachlichen **Experten**, meist sind es Gruppen, die sich dann als Kommissionen organisieren. Hilfreich ist eine gute, gendersensible, Mischung aus Theoretikern und Praktikern, also z.B. aus Hochschullehrerinnen und -lehrern, Schulleiterinnen und -leitern, ergänzt durch Lehrervertreterinnen und -vertreter, Schülervertreterinnen und -vertreter, Elternvertreterinnen und -vertreter, aber auch durch Vertreterinnen und Vertreter der Schulsozialarbeit und der Schulpsychologie, bis hin zu Schulträgern in Kommunen, Vertreterinnen und Vertretern der Ministerien und weiterer Betroffenen. Der Erfolg einer solchen Kommission hängt davon ab, inwieweit die personelle Besetzung den Sachfragen adäquat ist und inwieweit politische Vorgaben eine freie und fachlich getragene Meinungsbildung ermöglichen, so dass politischer Konsens hergestellt und dieser dann auch möglichst noch in derselben Legislaturperiode umgesetzt werden kann.

Ein breiter Konsens setzt allerdings die **frühe Beteiligung aller Betroffenen** voraus, nicht nur über ausgewählte Vertreter und Funktionäre, sondern auch die Möglichkeit, sich als Einzelperson oder Kleingruppe einzubringen, auch wenn es nur mit kritischen Äußerungen oder begründeten Konzepten erfolgt. Dabei können basisnahe Strukturen hilfreich sein wie sie in der Wirtschaft als Großgruppenmethoden genutzt werden, Open Space, Future Search, Real Time Strategic Change Konferenzen oder auch Tagungen, auf denen sich jeder zu den wichtigsten Themen einbringen kann. Diese Diskussion kann dann einmünden in einen politischen Entscheidungsprozess, der zunächst die allgemeinen Parameter und dann die gesetzlichen Rahmenbedingungen erarbeiten sollte. Sind die Positionen festgefahren, kann eine **Mediation** hilfreich sein, bei der unter Mithilfe eines Mediators oder einer Mediatorin die grundlegenden Bedürfnisse und Erwartungen erarbeitet und gewichtet und im Rahmen eines, nach gemeinsam erarbeiteten Kriterien ablaufenden, Entscheidungsprozesses einvernehmlich zueinander in Bezug gesetzt werden.

Ein Ergebnis einer Mediation kann ein sog. „**Schulfrieden**" sein, also eine Vereinbarung der Parteien, schulpolitische Entscheidungen einerseits möglichst unter wechselseitiger Beteiligung und möglichst im Einvernehmen zu treffen, andererseits dann aber auch für den Fall eines Regierungswechsels über die Legislaturperioden hinaus als wirksam anzusehen. Ein solcher Schulfrieden hat eine besondere Bedeutung als beruhigende und hoffentlich ethisch beachtliche Good-Will-Aktion, rechtlich verbindlich ist er allerdings nicht, da Abgeordnete an Aufträge und Weisungen nicht gebunden und nur ihrem Gewissen unterworfen sind (vgl. Art. 38 Abs. 1 GG).

Die praktische Umsetzung von schulstrukturellen Veränderungen kann in Modellregionen oder in **Modellprojekten** erfolgen. Eine Möglichkeit, die Schule für strukturelle Veränderungen zu gewinnen, sind **Zielvereinbarungen**. Diese können zwischen dem zuständigen Ministerium und einer änderungswilligen Schule getroffen werden und Ziele für z.B. einen Fünfjahreszeitraum vorgeben. Das Ministerium kann insofern Beratung, Personal, Geldmittel, Supervision und Evaluation sicherstellen, wenn die Schule ihrerseits eine Gemeinschaftsschule einführen will. Eine solche Vereinbarung verbindet Motivation und Freiwilligkeit, Eigenverantwortlichkeit und Unterstützung, sie sollte aber auch prozesshaft begleitet werden.

So sollte innerhalb der Schule ein Prozess der **Organisationsentwicklung** eingeleitet werden. Dabei ist es meist hilfreich, die in der sozialarbeiterischen Gemeinwesenarbeit entwickelten Prinzipien aufzugreifen (vgl. Northoff, Kompetenzen der Arbeits- und Problembewältigung, Kapitel 3.7., 2012b). Eine solche Prozessbegleitung beginnt mit einer Aktivierung der Lehrkräfte, Eltern, Schülerinnen und Schüler und sonst Betroffenen und forciert ihre Beteiligung bei der weiteren Planung und Umsetzung hin zu selbstständigen Entscheidungen und praktischen Erprobungen. Ziel ist es, die vorhandenen Ressourcen zu nutzen bzw. in einem neuen Netzwerk zu ergänzen und im Ergebnis ein eigenverantwortlich getragenes Schulkonzept nachhaltig in die Realität zu überführen.

Fazit

Das gegenwärtige Schulsystem hat sowohl aus individueller und elterlicher Sicht wie auch aus gesellschaftlicher und wirtschaftlicher Perspektive erhebliche Mängel. Gemeinschaftsschule würde durch das längere gemeinsame Lernen nicht nur zahlreiche strukturelle Probleme lösen, sondern auch zu einer größeren Chancengleichheit und Leistungsbreite beitragen.

---

2. Das gegliederte Schulsystem in der Kritik

Nachkriegsdeutschland war jedenfalls im Westen geprägt durch eine beeindruckende Stabilität der Bildungsstrukturen. Der Aufbau der Häuser und Fabriken, die Neuorganisation der Wirtschaft, das waren die Herausforderungen, und der wirtschaftliche Aufschwung bestätigte scheinbar darin, dass man bildungspolitisch alles richtig machte. Dass allerdings Kinder aus Familien mit Migrationshintergrund sich überproportional an Hauptschulen wiederfanden, wurde schon früh thematisiert, so durch Georg Picht, der die deutsche Bildungskatastrophe in der Bundesrepublik beschwor (Picht 1964, 16 ff.).

Mit der 1968er Studentenrevolte setzte dann im Westen zumindest ein Demokratisierungsprozess ein, in der Folge kam es zur Entwicklung von Gesamtschulen als Modellen des gemeinsamen Lernens. Mit der Wiedervereinigung 1990 standen plötzlich zwei deutsche Sozialisationswege nebeneinander, und je näher man sich kennenlernte, umso klarer wurde, dass beide Schulsysteme den Weg zu großen Leistungen und beruflichen Erfolgen und, wie wir heute wissen, sogar zu den höchsten Ämtern im Staate eröffnen.

Internationale Vergleichsstudien wie TIMSS (Third International Mathematics and Science Study»), PISA (Program for International Student Assessment») und IGLU (Internationale Grundschul-Lese-Untersuchung) machten schließlich deutlich, dass wir im **stark gegliederten System unsere Ressourcen nicht nutzen** (vgl. Baumert, Bos & Lehmann, 2000; Baumert u.a., 2001; Bos u.a. 2007), die UN-Behindertenrechtskonvention (UN BRK) stellte noch einmal ausdrücklich die Teilhabe aller in den Blickpunkt. Seitdem steht unser Schulsystem fortlaufend in der Kritik, vor allem wegen seiner großen Zergliederung.

2.1. Das zergliederte Schulsystem

Das deutsche Schulsystem ist so vielfach gegliedert, dass es kaum mehr möglich ist, es einfach und verständlich darzustellen.

Dezentrale Gliederung

Unser Schulsystem ist zunächst geprägt durch eine dezentrale Struktur. Seine Gliederungen sind schon durch ihre Zuordnung zu 16, teilweise politisch sehr unterschiedlich regierten, **Bundesländern** unübersichtlich und komplex.

Auch Begrifflichkeiten und Verständnis stimmen nicht notwendig überein, das Bildungsangebot ist zudem teilweise im Fluss und daher Änderungsprozessen unterworfen, das macht die Verständigung schwierig. Die nachfolgende tabellarische Übersicht vermittelt davon einen Eindruck.

Baden-Württemberg	• 4 Jahre Grundschule • anschließend weiterführende Schulen: Hauptschule, Realschule, Gymnasium • seit 2010/ 2011: Ausbau der Hauptschule zu Werkrealschulen • ab 2012/ 2013 Einführung von 10-jährigen Gemeinschaftsschulen
Bayern	• 4 Jahre Grundschule • anschließend weiterführende Schulen: Hauptschule, Realschule, Gymnasium • Hauptschulen werden langsam zu Mittelschulen umgewandelt (Erwerb der Mittleren Reife möglich) • Modellversuch „flexible Grundschule": 3, 4 oder sogar 5 Jahre Grundschule, je nach Begabung der Kinder
Berlin	• längeres gemeinsames Lernen: 6 Jahre Grundschule, mit Antrag ist ein Schulwechsel auch nach 4 Jahren möglich • anschließend Sekundarschule: Haupt-, Real- oder Gesamtschule • Gymnasium, Abitur nach dem 12. Schuljahr
Brandenburg	• längeres gemeinsames Lernen mit 6 Jahren Grundschule (Verkürzung auf 4 Jahre nach Antrag der Eltern möglich) • Realschule und Gesamtschule ohne gymnasiale Oberstufe wurden zu „Oberschulen" zusammen gefasst (Mittlere Reife) • neben der Oberschule gibt es weiterhin das Gymnasium und die Gesamtschule mit gymnasialer Oberstufe
Bremen	• ab Schuljahr 2011/2012 zweigliedriges Schulsystem, bestehend aus Oberschule und Gymnasium • beide bieten das Abitur als Abschluss an • Unterschied: bei dem Gymnasium Abitur nach 12 Jahren und bei der Oberschule nach 13 Jahren
Hamburg	• 4 Jahre Grundschule • anschließend Gymnasium oder Stadtteilschule • die Stadtteilschule ist ein Zusammenschluss aus Haupt- und Realschulen • Stadtteilschulen bieten auch das Abitur an, aber erst nach 13 Schuljahren • auf dem Gymnasium sind es weiterhin nur 12 Schuljahre
Hessen	• 4 Jahre Grundschule • anschließend Aufteilung in Haupt-, Realschule, Integrative oder Kooperative Gesamtschule, Haupt- und Realschule wurden zur Mittelstufenschule zusammengefasst • Abitur an Gymnasien nach 8 Jahren • Abitur an kooperativen Gesamtschulen oder Oberstufengymnasien nach 9 Jahren
Mecklenburg-Vorpommern	• 4 Jahre Grundschule • Klassen 5 und 6 schulartunabhängige Orientierungsstufe

	• Abitur ist sowohl am Gymnasium als auch an der Gesamtschule nach weiteren 6 Jahren möglich
Niedersachsen	• 4 Jahre Grundschule • danach Haupt-, Realschule und Gymnasium • Ausnahme sind die Gesamtschulen
Nordrhein-Westfalen	• 4 Jahre Grundschule • danach Haupt-, Realschule und Gymnasium • Gesamtschule • ab 2013/2014 sollen sog. „PRIMUS" Schulen als Gemeinschaftsschulen errichtet werden
Rheinland-Pfalz	• Grundschule weiterhin 4 Jahre • danach Aufgliederung in Realschule plus, Gymnasien und Gesamtschulen • Realschule plus statt Hauptschule (bis zur Klassenstufe 10) • weiterhin Gymnasien mit einem Abschluss nach 9 Jahren • Gymnasien mit 8 Jahren zum Abitur bilden die Ausnahme • Gesamtschulen mit den üblichen 13 Jahren
Saarland	• 4 Jahre Grundschule • anschließend Besuch an „Erweiterten Realschulen" (Haupt- und Realschule) zusammengelegt • außerdem Gymnasien und Gesamtschulen (Abitur nach 8 Jahren) • ab Sommer 2012 Einführung von Gemeinschaftsschulen: Zusammenschluss von Erweiterten Realschulen und Gesamtschulen (Abschluss nach 9 Jahren)
Sachsen	• 4 Jahre Grundschule • anschließend Mittelschule, statt Haupt- oder Realschule • Gymnasium • ab der 7. Klasse wird nach Leistung differenziert unterrichtet
Sachsen-Anhalt	• 4 Jahre Grundschule • dann drei Wahlmöglichkeiten: Sekundarschule, Gesamtschule oder Gymnasium • die Sekundarschule umfasst die Klassen 5-10 • ab der 7. Klasse differenzierter Unterricht nach Leistungen der Schülerinnen und Schüler • Abitur am Gymnasium nach 8 Jahren • Abitur an Gesamtschulen nach 8 oder 9 Jahren
Schleswig-Holstein	• 4 Jahre Grundschule • seit 2012 werden Haupt-, Real- und Gesamtschulen abgeschafft oder laufen aus • stattdessen Regional- und Gemeinschaftsschulen Ziel: längeres gemeinsames Lernen • an den Regionalschulen bleiben die Kinder noch weitere 2 Jahre zusammen, an Gemeinschaftsschulen lernen sie 6 Jahre lang zu-

	sammen
	• Abitur an Gymnasien nach 8 oder 9 Jahren möglich
Thüringen	• seit 2011/2012 Einführung der Gemeinschaftsschulen, sie umfassen insgesamt die Klassen 1-12, alle Arten eines Schulabschlusses sind dort möglich
	• daneben 4-jährige Grundschule möglich
	• weiterhin Gymnasium, dort Abitur nach 8 Jahren möglich
	• zudem noch „Regelschulen", Regelschule umfasst Haupt- und Realschule
	• Gesamtschulen ab Klasse 5 sind Ausnahmen (Erfurt, Jena, Gera und Gotha)

Quelle: Tagesschau 2010 URL 3; kleine Ergänzungen, mit Veränderungen ist zu rechnen, d.V.

Die horizontale Gliederung

Die horizontale Gliederung besteht in ihrem **herkömmlichen Kernbereich** aus der Grundschule, der Sekundarstufe I (bestehend aus der Hauptschule, der Realschule oder der Gesamtschule oder dem Gymnasium, in den Klassen 5-10, manchmal auch 5-8), der Sekundarstufe II (bestehend aus der Oberstufe an der Gesamtschule oder im Gymnasium in den Klassen 9, meist aber 10-12/13). Etwas unsystematisch daneben stehen die berufliche Ausbildung und, meist vergessen, die Förderschulen. Als Tertiärbereich wird die Hochschulausbildung angesehen.

Ob sich Bildung tatsächlich mit **gestuften Abschlüssen** entwickeln muss, wird in den bildungspolitischen Diskussionen selten diskutiert, offenbar brauchen wir Deutsche feste und gesicherte Abschlüsse, die für uns Maßstab, Sicherheit und irgendwie auch Ordnung garantieren. Zwingend notwendig ist dies aber nicht, denkbar wäre auch ein System, welches möglichst breiten Schülerpopulationen den höchsten Abschluss ermöglicht und eine Selektion erst beim Zugang zu einer bestimmten Arbeit oder Berufsorientierung vornimmt; ein Nachteil eines solchen Ansatzes wäre allerdings eine weitere notwendige Prüfung.

Noch eine weitere Entwicklung ist festzustellen, die Einbettung der Schule in ein System des lebenslangen Lernens. **Bildung beginnt schon vor der Schule** im frühkindlichen Bereich, zunächst zuhause, dann ergänzend und kompensierend auch im Kindergarten, in Kindertagesstätten oder in Spielgruppen und Vereinen. Die Maxime der reformpädagogischen Ansätze in den 70er und 80er Jahren, dass Kinder in der vorschulischen frühkindlichen Phase sich möglichst ohne äußere Anforderungen entfalten mögen, ist zu einer von mehreren Forderungen geschrumpft, das Erlernen von Grundkompetenzen (wie der Sprache) zur Vorbereitung der Schule und insbesondere das Erlernen von Grundkompetenzen im sozialen Bereich sind heute ebenfalls anerkannte Forderungen. **Und Bildung endet keineswegs nach dem Studium** bzw. der Promotion oder dem Gesellenbrief bzw. dem Meisterbrief, sie spiegelt sich in Fortbildungen und Weiterbildungen und die entsprechende Neugier hört mit dem reiferen Alter nicht auf.

Die vertikale Gliederung

Die vertikale Gliederung kann schon mit der Grundschule entstehen, wenn Kinder nach allgemein bildender Schule und nach sog. Förderschule unterschieden und nicht inklusiv unterrichtet werden.

Sie zeigt sich **im Sekundarbereich I, wenn nach Hauptschule, Realschule und Gymnasium** unterschieden wird, wobei dann, teils ohne, teils mit Orientierungsstufe, nach einer (meist) frühen Entscheidung der weitere Werdegang vorstrukturiert ist, was durch eine mehr oder weniger ausgeprägte spätere Durchlässigkeit wieder korrigiert werden soll.

Einen guten Überblick dazu gibt die Übersicht aus dem Bildungsbericht 2012 (Autorengruppe Bildungsberichterstattung 2012, XI, s.u.). Sie verbildlicht, dass nach der Grundschule der Bildungsweg in vier, bezieht man die Förderschule mit ein, sogar in fünf vertikale Bildungswege aufgeteilt wird.

Auch wenn wir hier noch nicht auf empirische Daten zurückgreifen, zeigt doch bereits die Strukturanalyse, dass frühe Entscheidungszwänge angesichts der sich nur langsam entwickelnden Interessenschwerpunkte und Kompetenzen problematisch sind, dass nicht wenige Eltern die Schule danach auswählen, was sie selbst durchlebt und als für sie angemessen erfahren haben und dass unterschiedliche Lehrpläne die Differenzen noch festigen, so dass schichtenübergreifendes soziales Lernen in einem solchen Schulsystem eher die Ausnahme ist.

Durch die Einschulung in separate Förderschulen bestehen zwar spezifische Förderpotenziale, doch bewirkt die getrennte Beschulung eine Ausgrenzung, individuelle Integration und gesellschaftliche Inklusion von Menschen mit Behinderungen werden eher erschwert als erleichtert. Die **Gemeinschaftsschule** würde diese Schwächen beheben, eine Aufteilung in vertikale Stränge würde unterbleiben, schichtenübergreifendes Lernen wird der Normalfall.

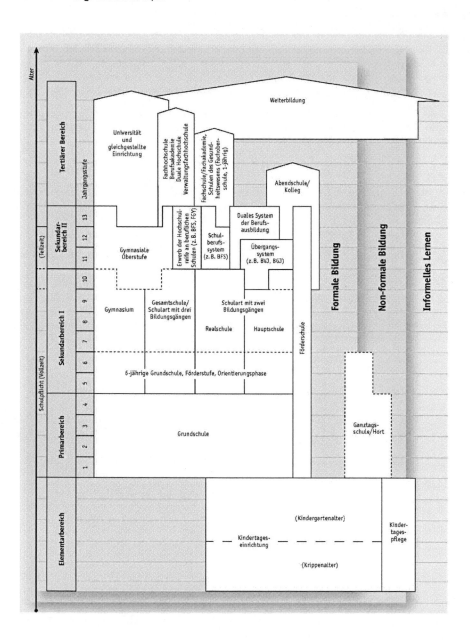

Die inhaltliche Gliederung

Die weit überwiegende Mehrheit der Schülerinnen und Schüler besucht staatliche Bildungseinrichtungen. Daneben gibt es aber auch die Möglichkeit, Schulen in kirchlicher und freier Trägerschaft anzubieten.

Kirchliche Angebote finden sich insbesondere in den westlichen Bundesländern in den Gebieten, die traditionell katholisch oder evangelisch sind. In den östlichen Bundesländern sind diese Angebote geringer, doch gibt es gerade in letzter Zeit auch neue Angebote freier Träger.

Das Recht zur Errichtung **privater Schulen** ist im Grundgesetz in Art. 7 Abs. 4 und 5 GG gewährleistet. Die Schulen werden meist als Ersatzschulen (für allgemein bildende Schulen), manchmal auch als Ergänzungsschulen (zu Berufsschulen) geführt. Sie bedürfen der Genehmigung des Staates, unterstehen den Landesgesetzen und werden durch die Länder in einer Größenordnung von 80% bis 90% finanziell unterstützt.

Die inhaltliche Ausrichtung ist nicht notwendig mit der Trägerschaft verbunden, doch lassen sich Tendenzen erkennen. Die staatlichen bzw. kommunalen Schulen bewegen sich häufig entlang hergebrachter pädagogischer Traditionen. Nicht ungewöhnlich sind aber **inhaltliche Schwerpunkte**, so z.B. als Musikschule oder als Sportschule, oder sprachlich, naturwissenschaftlich oder musisch ausgerichtet. Die kirchlichen Schulen legen einen besonderen Schwerpunkt auf eine christliche Ausrichtung und einen erhöhten Religionsstundenanteil.

Die freien Träger verbinden mit ihrem Konzept häufig auch **reformpädagogische Ansätze**, so z.B. nach Montessori, andere erproben neue didaktische Lernformen wie das problemorientierte Lernen oder die teilweise Auflösung des Klassenverbandes oder die verstärkte Einbeziehung von Eltern und Externen. Das macht sie für manche Eltern interessant, doch scheinen die fachlichen Kompetenzen und die tatsächlichen pädagogischen Leistungen, auch angesichts des größeren Kosten- und Einspardrucks, immer wieder an ihre Grenzen zu stoßen. Die meist erhobenen Schulbeiträge können außerdem zu einer sozialen Schichtung beitragen. Den staatlichen Aufsichtsbehörden kommt insofern also eine große Verantwortung zu.

Fazit zur Gliederung

1. Deutschlands Schulsystem ist **außergewöhnlich stark gegliedert**. So erfrischend diese Vielfalt grundsätzlich ist, bedarf sie doch einheitlicher Rahmenstrukturen, damit nicht nur Individualismus, sondern auch Gemeinschaft gelingen kann.

2. Die **horizontale Entwicklung** ist dabei weitgehend vorgegeben, Bildung entwickelt sich. Schulische Bildung sollte als Teil des lebenslangen Lernens verstanden werden. Ob es dabei selektiv gestufter Abschlüsse bedarf, oder ob nicht breiten Schülerpopulationen der Abschluss ermöglicht und eine Selektion erst beim Zugang zu einer bestimmten Arbeit oder bei der Berufsorientierung vorgenommen werden sollte, kann durchdacht werden.

3. **Trägervielfalt und inhaltliche Vielfalt** werden durch das Grundgesetz geschützt, das Grundgesetz verlangt, dass durch eine staatliche Genehmigung sichergestellt ist, dass private Schulen den wissenschaftlichen Standards der öffentlichen Schulen entsprechen, dass

eine „Sonderung" der Schülerinnen und Schüler nach den Besitzverhältnissen der Eltern nicht gefördert wird (im Prinzip: keine Schulgelder) und dass die wirtschaftliche und rechtliche Stellung der Lehrkräfte genügend gesichert ist (vgl. Art 7 Abs. 4 GG).

4. Die **Unterschiede der Länder** sind ebenfalls grundgesetzlich in den Art. 30, 70 GG fundamentiert, Bildung ist Ländersache. Ob die Vereinbarungen der KMK, der Konferenz der Kultusminister und europäische Vorgaben auf Dauer ausreichen, um eine Einheitlichkeit der Abschlüsse und die Durchlässigkeit des Schulsystems zu sichern, ist fraglich, angesichts zunehmender Globalisierung erscheint ein Bundeschulgesetz als Rahmengesetz erwägenswert.

5. Das wohl **größte Problem ist die vertikale Schichtung**, die durch ihre Trennung in Förderschule, Hauptschule, Realschule und Gymnasium die Kompensation unterschiedlicher Lernausgangslagen und sozialer Unterschiede in den Herkunftsfamilien und die Inklusion von jungen Menschen mit besonderem Bedarf erschwert. Anders zu bewerten ist die Bedeutung der Berufsschulen, die typischerweise erst nach 9 oder 10 Jahren Bedeutung erhalten und ein bewährtes System der dualen Ausbildung im Betrieb und in der Berufsschule begleiten.

2.2. PISA Schock und IGLU Freude

Auch wenn also schon die Analyse der Gliederungsstrukturen Schwächen unseres Schulsystems verdeutlicht, macht es doch Sinn, sich den PISA Studien und weiteren internationalen Vergleichen zu stellen, denn erst diese Vergleiche und die damit verbundenen empirischen Belege haben den „Bildungsschock" ausgelöst, der viele von uns zu Änderungen motiviert.

Internationale Vergleiche

Von den zahlreichen nationalen und internationalen Vergleichsuntersuchungen seit etwa dem Jahre 2000 seien hier wegen ihrer großen Bedeutung nur die PISA und die IGLU Studien ausgewählt.

PISA, das Program for International Student Assessment, wird durch die OECD, die Organisation für wirtschaftliche Zusammenarbeit und Entwicklung, durchgeführt und informiert die etwa 30 bis 70 teilnehmenden Staaten über Stärken und Schwächen ihrer Schulsysteme. Dazu werden seit dem Jahre 2000 mit einem standardisierten Testprogramm im Abstand von drei Jahren die Kompetenzen von 15jährigen Schülerinnen und Schülern in den Bereichen Lesen, Mathematik und Naturwissenschaften sowie in fachübergreifenden Kompetenzen wie der Problemlösefähigkeit getestet. Ergänzend werden Daten zur Sichtweise der Schülerinnen und Schüler auf Schule und Unterricht sowie Merkmale ihres familiären und sozialen Umfeldes erhoben. Die Ergebnisse werden vor allem durch Mittelwerte ausgedrückt, daran lässt sich das durchschnittliche Leistungsniveau der Schülerinnen und Schüler eines Landes erkennen. Maßstab ist dabei der von der OECD festgelegte Mittelwert von 500 Punkten, auf den sich dann die Werte der einzelnen Länder beziehen können. Teilweise werden auch Kompetenzstufen festgelegt, die die absoluten Fähigkeiten der Schülerinnen und Schüler messen, wobei die Kompetenzstufen 5 oder 6 dem höchsten Leistungsniveau und die Kompetenzstufen 0 oder 1 dem niedrigsten Leistungsniveau entsprechen und damit eine sog. Risikogruppe bilden. Ist das Leistungsniveau eines 15-Jährigen derart niedrig, unterscheidet es sich nicht wesentlich von dem eines 10-Jährigen. IGLU, die Internationale Grundschul-Lese-Untersuchung" (auch bekannt als PIRLS = Progress in International Reading Literacy Study) geht ähnlich vor. Die Bildungsexpertinnen und –experten testen dabei das Leseverständnis von Schülerinnen und Schülern der vierten Klasse (vgl. Bos u.a. 2007).

Für eine Analyse der Stärken und Schwächen unseres Schulsystems sei zunächst auf die Autoren der auf Deutschland bezogenen **PISA Studien** (Baumert u.a. 2001; Prenzel u.a. 2004 und 2007; Klieme u.a. 2009, vgl. auch Verbeet 2010) zurückgegriffen. Die erste PISA-Studie (Baumert u.a. 2001) zeigte, für viele Deutsche völlig überraschend, dass das Kompetenzniveau der 15-Jährigen in Deutschland in allen Bereichen unter dem Mittelwert der OECD-Staaten lag, die Streuung war sehr hoch und der Rückstand schwächerer Schülerinnen und Schüler groß. Auch die herkunftsbedingten Unterschiede überraschten, Bildungserfolg hängt in Deutschland stärker als z.B. in Finnland vom Bildungsstand und vom ökonomischen Status der Eltern ab, auch der Migrationshintergrund spielt eine wichtige Rolle, Deutschlands Bildungssystem gewährt keine Chancengleichheit. Auch strukturelle Mängel wurden deutlich, wie die hohe Zahl von Klassenwiederholungen oder der geringe Umfang von individuellen Fördermaßnahmen in allgemein bildenden Schulen. Die nachfolgenden Studien, PISA 2003 (Prenzel u.a. 2004) und PISA 2006 (Prenzel u.a. 2007), bestätigten diese Befunde, zeigten aber auch leicht positive Entwicklungen z.B. hinsichtlich der Kompetenzen in Mathematik und Naturwissenschaften. Die vorerst letzte veröffentlichte Studie aus dem Jahre 2009 bestätigte im Wesentlichen den positiven Trend, zeigte aber auch, dass Deutschland selbst nach 10 Jahren großer Reformanstrengungen der große bildungspolitische Wurf nicht gelungen ist.

PISA Studien: Leistungsniveau

Pisa-Studie 2009 - Lese-Kompetenz

Land	Punkte	Land	Punkte
Korea	539	Frankreich	496
Finnland	536	Dänemark	495
Kanada	524	Großbritannien	494
Neuseeland	521	Ungarn	494
Japan	520	Portugal	489
Australien	515	Italien	486
Niederlande	508	Slowenien	483
Belgien	506	Griechenland	483
Norwegen	503	Spanien	481
Estland	501	Tschechien	478
Schweiz	501	Slowakei	477
Polen	500	Israel	474
Island	500	Luxemburg	472
USA	500	Österreich	470
Schweden	497	Türkei	464
Deutschland	497	Chile	449
Irland	496	Mexiko	425

Quelle: OECD, 2010, 60

Was die Lesekompetenz betrifft, hat Deutschland inzwischen Anschluss ans Mittelfeld bekommen, mit 497 Punkten liegt Deutschland angesichts möglicher Messungenauigkeiten im OECD Durchschnitt. Die Lesefähigkeiten der Schülerinnen und Schüler in Deutschland sind seit dem Jahr 2000 langsam, aber stetig angestiegen. Damit gehört Deutschland zu den sieben OECD-Staaten, in denen sich die Lesekompetenz von PISA 2000 zu PISA 2009 signifikant verbessert hat, von der durch Korea und Finnland gebildeten Spitzengruppe ist es aber noch weit entfernt.

Pisa-Studie 2009 - Mathematik-Kompetenz

Land	Punkte	Land	Punkte
Korea	546	Österreich	496
Finnland	541	Polen	495
Schweiz	534	Schweden	494
Japan	529	Tschechien	493
Kanada	527	Großbritannien	492
Niederlande	526	Ungarn	490
Neuseeland	519	Luxemburg	489
Belgien	515	USA	487
Australien	514	Irland	487
Deutschland	513	Portugal	487
Estland	512	Spanien	483
Island	507	Italien	483
Dänemark	503	Griechenland	466
Slowenien	501	Israel	447
Norwegen	498	Türkei	445
Frankreich	497	Chile	421
Slowakei	497	Mexiko	419

Quelle: OECD, 2010, 145

Auch im mathematischen Bereich hat sich Deutschland verbessert. Lag Deutschland am Anfang des Jahrzehnts noch unter dem OECD Mittelwert, sucht es nunmehr mit 513 Punkten langsam den Anschluss an die von der Republik Korea und Finnland gebildete Spitzengruppe.

Pisa-Studie 2009 - Kompetenz Naturwissenschaften

Land	Punkte	Land	Punkte
Finnland	554	Tschechien	500
Japan	539	Norwegen	500
Korea	538	Dänemark	499
Neuseeland	532	Frankreich	498
Kanada	529	Island	496
Estland	528	Schweden	495
Australien	527	Österreich	494

Niederlande	522	Portugal	493
Deutschland	520	Slowakei	490
Schweiz	517	Italien	489
Großbritannien	514	Spanien	488
Slowenien	512	Luxemburg	484
Polen	508	Griechenland	470
Irland	508	Israel	455
Belgien	507	Türkei	454
Ungarn	503	Chile	447
USA	502	Mexiko	416

Quelle: OECD 2010, 163

In den Naturwissenschaften hat es ebenfalls Verbesserungen gegeben, Deutschland liegt nicht mehr wie zu Anfang des Jahrzehnts unter dem OECD Mittelwert, sondern mit 520 Punkten deutlich darüber und sucht auch hier den Anschluss an die von Finnland, Japan und der Republik Korea gebildete Spitzengruppe.

Ziehen wir ein kleines **Zwischenfazit**, so lässt sich feststellen, dass sich Deutschland, was die von der OECD gemessenen Kompetenzen betrifft, im Mittelfeld konsolidiert hat, dass es aber in allen drei Bereichen nach wie vor einen deutlichen Abstand zur insbesondere durch die Republik Korea und Finnland gebildeten Spitzengruppe gibt. Unberücksichtigt sind dabei allerdings die Ergebnisse der OECD Partnerregionen Shanghai, Hongkong und Singapur, die teilweise noch bessere Ergebnisse hatten.

PISA Studien: Chancengerechtigkeit

Die Daten von PISA geben aber auch Auskunft über die Chancengerechtigkeit eines Schulsystems. Ein System wird insofern als ungerecht bezeichnet, wenn nicht die Leistungen, sondern andere Faktoren wie der sozioökonomische Status, die Bildung der Eltern oder der Migrationshintergrund über den Bildungserfolg entscheiden. Deutschland ist insofern ein vergleichsweise ungerechtes Land, auch wenn sich die Zahlen 2009 etwas verbessert haben.

Der sozioökonomische Status der Eltern wurde bei PISA 2003 über eine hierarchische Ordnung der Berufsausübung der erwachsenen Bezugspersonen definiert. Bei PISA 2003 erzielte ein Kind aus dem oberen sozialen Viertel der Gesellschaft (obere Dienstklasse) in der mathematischen Kompetenz in Deutschland 102 Punkte mehr als ein Kind mit Eltern aus dem unteren sozialen Viertel (Arbeiterhaushalt), in Finnland war die Differenz zwischen den Schichten nur 61 Punkte (Prenzel u.a. 2004, 235, 236).

Auch die Abhängigkeit des Bildungserfolges vom **Bildungsabschluss der Eltern** ist ein Indiz. Bei PISA 2003 betrug der Leistungsabstand zwischen Kindern von Eltern mit akademischem Abschluss (Tertiärstufe) und Kindern von Eltern mit Hauptschul- oder Realschulabschluss (Sekundarstufe I) hinsichtlich der mathematischen Kompetenz in Deutschland 106 Punkte, in Finnland aber nur 42 Punkte (Prenzel u.a. 2004, 231, 233).

Bei PISA 2009 wurde der sozialökonomische Hintergrund anhand eines **komplexeren Index** (Ausbildung, Beruf, Besitz der Eltern, Internetzugang usw.) ermittelt (OECD 2010, Volume II, 29) und in einem statistischen Verfahren zur Erklärung von Leistungsunterschieden (Variance in Student Performance) genutzt. Vereinfacht kann insofern gesagt werden, dass z.b. hinsichtlich der Lesekompetenz in Deutschland 17,9% der PISA Leistungen mit dem sozioökonomischen Hintergrund zusammenhängen, während dies z.b. in Finnland nur bei 7,8% der Fall ist (a.a.O., 55).

Chancengerechtigkeit lässt sich auch daran messen, ob und inwieweit die Schulleistungen mit dem **Migrantenstatus** zusammenhängen. So zeigte sich bei PISA 2003 für Deutschland, dass hinsichtlich der mathematischen Kompetenz Jugendliche, bei denen beide Eltern im Ausland geboren waren, in erster Generation 71 Kompetenzpunkte unter dem Gesamtmittelwert lagen, und Jugendliche von aus dem Ausland zugewanderten Familien noch einen Abstand von 49 Kompetenzpunkten zum Gesamtmittelwert hatten. Dass dies nicht so sein muss, zeigen die Ergebnisse von Australien, wo es praktisch keine Auswirkungen des Migrationsstatus auf die PISA Leistungen gibt (die Zahlen von Finnland sind nicht berücksichtigt, weil es dort nur weniger als 10% Jugendliche mit Migrationshintergrund gibt) (Prenzel u.a. 2004, 255, 257).

Bei PISA 2009 zeigten sich hinsichtlich der Lesekompetenz deutscher Schülerinnen und Schüler ohne und mit Migrationshintergrund **immer noch deutliche Unterschiede** von 56 Kompetenzpunkten. In Australien waren die Werte der Schülerinnen und Schüler mit Migrationshintergrund sogar besser als die derjenigen ohne Migrationshintergrund, in Finnland waren sie aber mit 70 Kompetenzpunkten noch schlechter als in Deutschland. Dies mag auf unterschiedliche Integrationsbemühungen hinweisen, kann aber auch dadurch beeinflusst sein, dass die in Australien übliche englische Sprache weltweit verbreitet ist, während deutsch deutlich seltener und finnisch praktisch nirgendwo sonst gesprochen wird (OECD 2010, Volume II, 171).

Als **Zwischenfazit** ist festzuhalten, dass Deutschland nach wie vor ganz erhebliche Defizite hinsichtlich der Chancengerechtigkeit aufzuweisen hat und von einem Spitzenplatz weit entfernt ist.

Der nationale Vergleich PISA-E 2006

Angesichts der länderspezifischen Gliederung unseres Bildungssystems liegt die Überlegung nahe, ob denn zwischen den einzelnen Bundesländern Unterschiede erkennbar sind. Dieser Frage ging die nationale Vergleichsuntersuchung PISA-E 2006 nach (PISA-Konsortium Deutschland, Prenzel u.a., PISA 2006 in Deutschland). Die Untersuchung erfolgte nach den international für PISA festgelegten Regeln und Kriterien, wenngleich mit kleineren Änderungen. Im Ergebnis zeigten sich teilweise deutliche Differenzen.

PISA-E 2006	Naturwissenschaften	Mathematik	Lesen/Textverständnis
Baden-Württemberg	523	516	500
Bayern	533	522	511
Berlin	508	495	488
Brandenburg	514	500	486
Bremen	485	478	474
Hamburg	497	488	476

Hessen	507	500	492
Mecklenburg-Vorp.	515	500	480
Niedersachsen	506	489	484
Nordrhein-Westfalen	503	493	490
Rheinland-Pfalz	516	500	499
Saarland	512	498	497
Sachsen	541	523	512
Sachsen-Anhalt	518	499	487
Schleswig-Holstein	510	497	485
Thüringen	530	509	500

Erkennbar ist, dass die Flächenstaaten deutlich besser abschneiden als die Stadtstaaten, hier mag der größere Anteil an Migrantinnen und Migranten in den Städten eine Rolle spielen. Deutlich ist auch ein Süd-Nordgefälle, Sachsen, Bayern, Baden-Württemberg und Thüringen schneiden besser ab als Niedersachsen oder Schleswig-Holstein, die Gründe sind nicht recht klar, eventuell haben insofern auch ökonomische Faktoren eine Bedeutung. Klare Bezüge zu den Schulstrukturen lassen sich aber nicht erkennen, denn zum Untersuchungszeitpunkt gab es in allen Ländern ein mehr oder weniger gegliedertes Schulsystem, die hier geforderte Gemeinschaftsschule war noch in keinem Bundesland eingeführt.

IGLU Studie: Lesekompetenz an der Grundschule

IGLU, die Internationale Grundschul-Lese-Untersuchung, untersuchte in den Jahren 2001 und 2006 das Leseverständnis von Schülern der vierten Klasse (Bos u.a. 2003 und 2007). Weltweit nahmen an dem Test im Jahre 2006 rund 35 Staaten sowie zehn Regionen wie Hongkong, die flämische und französische Gemeinschaft in Belgien und verschiedene kanadische Provinzen teil. Deutschland hat sich auf der Messskala der Experten zwischen 2001 und 2006 um neun Punkte verbessert und erreicht nun insgesamt 548 Punkte (Rang 11). Spitzenreiter ist die Russische Föderation mit 565 Punkten, gefolgt von Hongkong (564) und Kanada (560).

Die deutsche **Grundschule ist als Gemeinschaftsschule also im weltweiten Maßstab offenbar in der Lage,** für einen Großteil der Kinder ein hohes Niveau in der Lesekompetenz zu erreichen und gleichzeitig die Differenz zwischen lesestarken und leseschwachen Kindern relativ klein zu halten. Allerdings zeigte die Untersuchung auch, dass die Förderung von Kindern aus bildungsfernen Familien weiter verstärkt werden muss.

Bei dem von der Kultusministerkonferenz in Auftrag gegebenen, vom Institut für Qualitätsentwicklung im Bildungswesen, IQB (URL 4) durchgeführten, und im Oktober 2012 veröffentlichten **Ländervergleich** des Primarbereichs zeigten sich wieder die bekannten Unterschiede. Denn die besten Bewertungen erhielten insbesondere die ökonomisch starken Südländer, während die durch einen hohen Anteil an Schülerinnen und Schülern mit Migrationshintergrund geprägten Schulen in den Stadtstaaten besonders schlecht abschnitten.

Alternative Analysen denkbar?

In wissenschaftlichen Diskussionsrunden werden teilweise auch **kontrollierte Experimente vorgeschlagen**, bei welchen für vergleichbare Schülergruppen im selben Zeitraum zum einen eine Beschulung in der Gemeinschaftsschule (Untersuchungsgruppe) und zum anderen im gegliederten System (Kontrollgruppe) erfolgen sollte und bei welchen dann nach einer angemessenen Zeit die Leistungen, die Chancengleichheit und andere Ergebnisse abzufragen sind.

Einige Bundesländer wie z.b. Baden-Württemberg, Nordrhein-Westfalen, Schleswig-Holstein, Thüringen oder das Saarland scheinen sich diesen Überlegungen anzunähern, denn sie wollen neben den bisherigen Schulen auch Gemeinschaftsschulen einführen.

Derartige Feldversuche führen allerdings vorübergehend zu einer noch größeren Vielfalt, sie statistisch seriös auszuwerten, ist nicht einfach. Die Ergebnisse eines solchen Vergleichs werden außerdem erst in vielen Jahren bzw. Jahrzehnten vorliegen, so viel Zeit haben wir nicht, wir müssen daher unsere Entscheidungen insbesondere auch auf der Grundlage von PISA fällen, sollten bei neuen Erfahrungen allerdings später nachsteuern.

2.3. Folgerungen und Reparaturversuche

Die Ergebnisse der internationalen Vergleichstests sind in Deutschland allerdings unterschiedlich aufgenommen worden. Teilweise wurden die PISA Ergebnisse sogar als wenig relevant bezeichnet, ihre Aussagekraft sei gering.

Die Aussagekraft von PISA

Die Aussagekraft von PISA hängt in der Tat auch davon ab, ob es in Deutschland im Untersuchungszeitraum so gravierende soziale Unterschiede (intervenierende Variablen) im Vergleich zu den anderen Staaten gegeben hat, dass PISA nur ein Abbild der sozialen Situation, nicht aber des Bildungssystems ist. Daher soll die soziale Situation zwischen 2000 und 2009 hier kurz beleuchtet werden. Insofern seien einige ausgewählte Aspekte durchdacht, die außerhalb der bildungspolitischen Interventionen liegen.

Einen Einfluss könnte die **demographische** Entwicklung gehabt haben. Die Gesamtzahl der Mädchen und Jungen unter 18 Jahren ging in Deutschland zwischen den Jahren 2000 und 2010 um etwa 14 % von 15.192.000 Millionen auf 13.069.000 Millionen zurück (Statista 2012 URL 5). Möglicherweise hat sich dadurch teilweise der sog. Lehrerschlüssel (Verhältnis der Lehrerinnen und Lehrer zu Schülerinnen und Schülern) etwas verbessert. Die Schülerinnen und Schüler aus den östlichen Bundesländern waren im Jahre 2000 noch stark durch die wechselhaften Jahre der Wende geprägt, insofern hat es Normalisierungen gegeben. Möglicherweise haben diese Entwicklungen zu den besseren PISA Werten 2009 beigetragen, ein zentraler Einflussfaktor ist aber darin nicht zu erkennen, da PISA vor allem auf Prozentwerte der Bevölkerung baut.

Von Bedeutung kann auch der **Anteil von Jugendlichen mit Migrationshintergrund** sein. Nach den PISA Daten ist dieser Anteil in Deutschland bis 2009 um etwa vier Prozentpunkte auf nunmehr 26 Prozent angestiegen (Klieme u.a., PISA 2009, 11). In Ländern wie Korea beträgt ihr Anteil bei PISA 2009 unter 1%, in Finnland unter 5%. Dies dürfte sich insbesondere bei den Lesekompetenzen auch ausgewirkt haben (vgl. OECD, Volume II, 2010, 67 ff.). Entsprechende varianzanalytische Berechnungen (insb. der Abweichungen vom Mittelwert) von PISA 2009 zeigten allerdings, dass sich für Deutschland nur ein geringer Teil der Varianz bei den Lesekompetenzen allein mit dem Migrationshintergrund erklären lässt, der Zusammenhang scheint komplexer zu sein (OECD, Volume II, 2010, 44). Dies dürfte auch an den verstärkten Integrationsbemühungen und daran liegen, dass die erhöhte Migrantenquote weniger an einer erhöhten Zuwanderung junger Menschen lag, sondern auf die Zunahme der zweiten und insbesondere der dritten Generation, die bereits in Deutschland geboren und aufgewachsen ist, zurückzuführen ist.

Auswirkungen können auch die **familiären Umstände** gehabt haben. Nach den Daten des Familienreport 2010 (Bundesministerium für Familien, Senioren, Frauen und Jugend, 2010, 21; teilweise auf der Basis des Mikrozensus 2008) gab es im Jahre 1998 rund 1,3 und im Jahre 2008 rund 1,6 Millionen Alleinerziehende. Die Praxis der Jugendämter zeigt zwar, dass Alleinerziehende häufiger auch sozialen Hilfebedarf anmelden und die Ergebnisse von PISA 2009 belegen, dass z.B. bei der Lesekompetenz deutsche Kinder von Alleinerziehenden um etwa 5 bis gut 15% schlechtere Ergebnisse bringen, je nachdem, ob man den sonstigen sozialökonomischen Hintergrund herausrechnet oder nicht (OECD, PISA 2009, Volume II, 2010, 47). Deutschland befindet sich hinsichtlich des Prozentsatzes der Alleinerziehenden und mit den weiteren entsprechenden Daten im OECD Durchschnitt, daher kann angenommen werden, dass es ähnliche Entwicklungen auch in den anderen untersuchten Ländern gegeben hat, so dass diese Umstände im Gesamtkontext nicht so bedeutsam sind, dass sich daraus größere Auswirkungen auf die PISA-Vergleiche ableiten ließen.

Weitere Faktoren können z.b. eine weit verbreitete hohe Erwerbslosenquote und ein hohes Risiko der Kinderarmut gewesen sein. Insgesamt hat sich die Situation bezüglich der Risikolagen von Kindern zwischen 2000 und 2009 aber leider kaum verändert. Weiterhin waren 3,5% der Kinder unter 18 Jahren von allen drei Risikolagen (niedriger Bildungsabschluss der Eltern, Erwerbslosigkeit der Eltern, niedriges Einkommen der Eltern) betroffen (Autorengruppe Bildungsberichterstattung 2010, 27). Deutschland befindet sich insofern allerdings hinsichtlich des Pro-Kopf-Netto Bruttoinlandsprodukts etwas über dem OECD Durchschnitt (OECD 2012, 59) und hat insofern eher einen Ressourcenvorsprung, so dass es vor allem darauf ankommen dürfte, dass wir mögliche Auswirkungen durch eine Verteilungsänderung selbst korrigieren.

Das **Zwischenfazit** zeigt, dass die sozialen Umstände in Deutschland sich teils begünstigend und teils erschwerend ausgewirkt haben dürften, und dass auch die sozialen Veränderungen im ersten Jahrzehnt sich gegenseitig in etwa neutralisiert haben, so dass die Unterschiede im Großen und Ganzen nicht so dramatisch waren, dass man von ihnen durchgreifende Einflüsse auf die Ergebnisse der PISA Studien annehmen muss.

Reichen Veränderungen im gegliederten System aus?

Die Bildungspolitiker der meisten Länder und Stadtstaaten haben daher PISA zu Recht zum Anlass genommen, ihr Bildungssystem kritisch auf den Prüfstand zu stellen. Angesichts des Föderalismus kann es aber nicht überraschen, dass es zu einer Vielzahl von länderspezifischen Maßnahmen gekommen ist, die große Reform in Richtung auf eine Gemeinschaftsschule aber ausgeblieben ist. Welche bildungspolitischen Veränderungen sind nun eingetreten?

Verbeet (2010, URL 6) fasst nach seinen Diskussionen mit den Verfasserinnen und Verfassern der PISA Studien zunächst einige Befunde zusammen, hier etwas ergänzt bzw. modifiziert:

- allgemein größere Aufmerksamkeit angesichts des als Schock empfundenen PISA Ergebnisses
- längerer Besuch von Kindertagesstätten, frühere Einschulung (Konsortium Bildungsberichterstattung, 2006, 230 ff.)
- Untersuchung und bessere Verzahnung der Bildungsübergänge, insbesondere aus der frühkindlichen Erziehung in den schulischen Bereich
- Einführung von Ganztagsschulen bzw. Ganztagsbetreuung, etwas mehr durchschnittliche Unterrichtszeit
- in einigen Bundesländern Zusammenlegung von Haupt- und Realschulen, in Mecklenburg-Vorpommern z.B. zu Regionalschulen
- größere Eigenverantwortung und Selbstständigkeit der jeweiligen Schule, die sich damit auch an anderen messen lassen muss (vgl. auch Altrichter & Rürup 2010)
- neuer Blick auf die Ausbildung der Lehrerinnen und Lehrer, Fortbildungsangebote und Professionalisierungshilfen, um einem frühen Burnout vorzubeugen (vgl. Hattie 2009; Helmke 2009; Maag Merki 2010)
- Umstellung des Gymnasiums von 9 auf 8 Jahre und damit verbunden eine frühere und stärkere Leistungsausrichtung
- häufigere Nutzung des Internets ermöglicht zusätzliche Leseerfahrungen und einfacheren Wissenszugang (vgl. Shell 2010)
- wie in den Shell-Studien feststellbar (vgl. Shell 2010), haben die lern- und leistungsorientierten Haltungen Jugendlicher tendenziell zugenommen
- interne und externe Schulevaluationen, Schulinspektionen, Berichtssysteme, Bildungsstandards als motivationale Faktoren, mehr Vergleichsarbeiten und Tests

Hinzu kommen Programme der Bund-Länder-Kommission und der Kultusministerkonferenz (vgl. auch Verbeet a.a.O.), die spezifische Problembereiche aufgreifen und exemplarisch bearbeiten wollen, so z.B.:

- die Qualifizierung von Lehrkräften, verbunden mit einer fachbezogenen Schul- und Unterrichtsentwicklung durch das BLK-Modellprogramm SINUS (1998 bis 2003), fokussiert auf die naturwissenschaftlichen Fächer und Mathematik
- das BLK-Programm FÖRMIG (Laufzeit 2004 bis 2009) zur Entwicklung von Modellen und Instrumenten für die Förderung von Kindern und Jugendlichen mit Migrationshintergrund
- das von der Kultusministerkonferenz 2008 ins Leben gerufene Programm "ProLesen" mit dem Ziel der Förderung der Lesekompetenz an bundesweit mehr als 100 Projektschulen

Die Auswirkungen der genannten Veränderungen, Interventionen und Programme sind für sich genommen wohl kaum messbar, zu verzahnt waren die Ansätze, zu heterogen die Bedingungen. Aber die leichten Verbesserungen bei PISA 2009 lassen vermuten, dass die Vielfalt der Maßnahmen insgesamt positive Auswirkungen gehabt hat.

3. Gemeinschaftsschule als Lösungsansatz

Die über alle Parteigrenzen hinweg auf Grund des „PISA Schocks" in den Ländern ange-
schobenen Bildungsreformen haben insbesondere **Ansätze benutzt, die typischerweise
mit der Gemeinschaftsschule verbunden** sind, so das verstärkte Angebot an Kindergärten
und Tagesstätten, eine zunehmende Zahl von Ganztagsschulen, mehr Selbstständigkeit für
Schulen, pädagogische Fortbildungsangebote für Lehrerinnen und Lehrer und eine verstärkte individuelle Förderung. Diese Veränderungen lassen sich zwar auch mit einem gegliederten Schulsystem verbinden, sie stoßen dort aber schnell an strukturelle Grenzen, wenn nicht
die Idee der Gemeinschaftsschule mitgedacht wird.

Auch eine andere Überlegung ist beeindruckend, selbst wenn man einmal von der noch feh-
lenden Inklusion absieht. PISA hat gezeigt, dass sich unsere 15-Jährigen, die durchweg einem gegliederten Schulsystem entstammen, sowohl mit ihren Leistungen als auch hinsichtlich der Chancengerechtigkeit in einem Mittelfeld befinden. Auch die Bildungsanstrengungen
eines Jahrzehnts haben es nicht geschafft, hier den Durchbruch in die Spitzengruppe zu
schaffen. Andererseits haben sich unsere **Grundschülerinnen und Grundschüler, die in
Gemeinschaftsschulen ausgebildet sind, bei IGLU von vornherein weit über dem
Durchschnitt** positioniert und gehören inzwischen zur Spitzengruppe. Es gibt danach Grund
für die Annahme, dass die Gemeinschaftsschule das Potenzial für einen Spitzenplatz hat, die
gegliederte Schule aber nur das Potenzial für einen Platz im Mittelfeld.

3.1. Schulsysteme der PISA Spitzenreiter

Der Ruf nach der Gemeinschaftsschule wird damit unvermeidbar, und es stellt sich die Frage, wie denn diejenigen Staaten ihr Schulsystem organisieren, die bei PISA **leistungsmäßig
an der Spitze** stehen. Sehen wir einmal von den OECD Partnerregionen (Shanghai, Singapur, Hongkong) ab, weil diese mit uns kaum vergleichbar sind, so stehen bei der PISA Studie
2009 vor allem zwei Staaten an der Spitze, Finnland und die Republik Korea, in beiden Ländern ist Grundlage der Bildung das längere gemeinsame Lernen. Es macht daher Sinn zu
prüfen, inwieweit wir von diesen Ländern lernen können.

Finnland

Das finnische System ist in der Vergangenheit vielfach zitiert und beschrieben worden (vgl.
nur Mathies & Skiera 2009). Auch in Finnland hat Schule grundsätzlich die bekannten zwei
Funktionen, sie soll dem einzelnen jungen Menschen helfen, sich nach seinen Anlagen und
Möglichkeiten zu entwickeln und sie soll zur Sicherung der ökonomischen, kulturellen und
sozialen Grundlagen der Gesellschaft beitragen. Aus der Erkenntnis, dass es in einer sich
immer schneller ändernden Gesellschaft kaum vorhersehbar ist, wie sich die Zukunft entwickeln wird, und dass auch die einzelne Schülerin bzw. der einzelne Schüler Entwicklungsprozesse durchläuft, sollen frühe Festlegungen auf Bildungsgänge und Berufsfelder vermieden werden. Daher ist einerseits ein grundlegender Anteil allgemein bildender Fächer zu
durchlaufen, andererseits bestehen aber gleichwohl Wahlmöglichkeiten.

Das System ist (für ein Flächenland nicht überraschend) stark dezentral ausgerichtet, die
kommunalen Schulverwaltungen sollen sich zwar an die nationalen Rahmenempfehlungen

halten, können die Lehrpläne aber in eigener Verantwortung ausgestalten. Bildung wird verstanden als eine gemeinschaftliche Aufgabe, die von den Beteiligten in Teamarbeit und in einem Netzwerk mit anderen Professionen umgesetzt wird, wobei die Ausrichtung an Bildungsstandards und die spätere Evaluation selbstverständliche Prozesse sind.

Lernen wird in Finnland als lebenslanger Prozess verstanden. Schon für die jüngsten Kinder gibt es ein großes Angebot an Betreuungen und Fördermaßnahmen. Seit 2001 haben sechsjährige Kinder einen Anspruch auf einen kostenlosen Vorschulunterricht, der von den Kommunen zu organisieren ist. Über 90% der Kinder gehen in diese Vorschule. Dann folgt im Alter zwischen 7 und 16 Jahren die Peruskoulu („Grundschule") für praktisch alle als Pflicht. Der Unterricht findet in Ganztagsschulen statt, die typischerweise in der Zeit von 8.00 bis 15.00 Uhr, unterbrochen durch ein 30-35 minütiges (für die Kinder kostenloses) Mittagessen, unterrichten. Aus der Erkenntnis, dass eine Gesellschaft alle Kinder für ihren Erfolg benötigt und es sich nicht erlauben kann, einzelne Kinder auszugrenzen, ist eine integrierte Schule für alle entstanden, die frühzeitig gegenseitigen Respekt und Rücksichtnahme einübt. Das System betont stärker als in Deutschland das Klassenlehrersystem. In den ersten 6 Jahren unterrichtet die Klassenlehrkraft viele Fächer selbst, dann wird es vom Fachlehrersystem abgelöst. In der Erkenntnis, dass Entwicklung sich unterschiedlich schnell vollziehen kann, ist Flexibilität vorgesehen, so kann die neunjährige Peruskoulu auch erst nach 10 Jahren absolviert werden. Aus der Überlegung, dass Sicherheit, Vertrauen und Eigenverantwortung wichtig sind, verzichtet das System zwar nicht auf pädagogische Rückmeldungen, wohl aber auf das Sitzenbleiben oder das Abschieben in eine niedrigere Schule. Am Ende der Peruskoulu werden zwar Noten gegeben, es findet aber kein Examen statt. Allerdings sind die Noten des Abschlusszeugnisses für den weiteren Werdegang wichtig, typischerweise entscheiden sich die Schülerinnen und Schüler zwischen dem Gymnasium und einer berufsbildenden Schule.

Das Gymnasium wird unter Auflösung der Jahrgangsklassen regelmäßig in drei Jahren durchlaufen, das Abitur kann aber auch in zwei oder vier Jahren erreicht werden. Es gibt ein Kurssystem mit obligatorischen und wahlweisen Fächern. Am Ende steht ein Zentralabitur, welches an dieser Stelle für eine Vereinheitlichung der Standards sorgt und natürlich bei der Abiturvorbereitung immer auch mitgedacht wird. Der Abschluss befugt zum Studium, strenge Studienplatzbegrenzungen und eigene Zugangsprüfungen führen allerdings dazu, dass nicht wenige Abiturientinnen und Abiturienten sich zunächst intensiv und zeitaufwendig auf die Zulassungsprüfungen der Universitäten vorbereiten (müssen). Alternativ zum Gymnasium kann auch eine regelmäßig dreijährige berufliche Grundausbildung in Vollzeitberufsschulen mit einem darin eingeschlossenen halbjährigen Berufspraktikum durchlaufen werden. Wer die berufliche Ausbildung erfolgreich durchläuft, hat damit die Befähigung für ein nachfolgendes Hochschulstudium, welches insbesondere an sog. Fachhochschulen erfolgt.

Das Hochschulsystem ist ansonsten ähnlich wie bei uns, es gibt die Möglichkeit zum Abschluss des Bachelor (3 Jahre) und des Master (weitere 2 Jahre) und die Möglichkeit der anschließenden Promotion. Auch danach ist lebenslanges Lernen möglich, wobei Ferngymnasien, die Finnish Virtual University (ein Zusammenschluss finnischer Universitäten mit besonderer Nutzung neuer Medien wie des Internets) und zahlreiche weitere Möglichkeiten der Erwachsenenbildung helfen.

Die finnische Grundschule ist ein **Muster für eine Gemeinschaftsschule** und die in einem solchen System möglichen Veränderungen. Die finnische Schule verbindet wie oben dargelegt in besonderer Weise breite Spitzenleistungen in grundlegenden Kompetenzbereichen mit einer geringen Streubreite, d.h. die Chancengleichheit ist weit ausgeprägter als in Deutschland. Finnland ist zwar weit mehr als Deutschland ein Flächenland, doch hat dies bildungsmäßig sowohl Vorteile (z.B. weniger soziale Ballungsgebiete) als auch Nachteile (z.B. längere Transportwege). Der Anteil von Schülerinnen und Schülern mit Migrationshintergrund ist dort zwar geringer als in vielen, vor allem städtischen, Gebieten Deutschlands, doch kann dies allein die festgestellten Unterschiede nicht erklären. Finnland kann daher als erprobtes und erfolgreiches Vorbild für eine deutsche Gemeinschaftsschule gelten.

Republik Korea

Das zweite Land in der PISA Spitze ist die Republik Korea. Auch in der Republik Korea wird praktisch uneingeschränkt gemeinsam gelernt. Die Republik Korea ist, wie auch weitere Länder und Regionen (z.B. Shanghai oder Singapur oder Japan) einer ostasiatischen Tradition verhaftet. Aus dieser Tradition ergeben sich für die Republik Korea einige Besonderheiten, die sich von den deutschen Umständen unterscheiden (vgl. Schoenfeldt 1996*)*. Traditionell sorgt der Staat in der Republik Korea vor allem für die grundlegende Ausbildung. Privatschulen sind üblich, private Bildungsangebote vor allem bei Colleges und Universitäten in der deutlichen Mehrzahl. Die Privatschulen unterstehen der Aufsicht des Erziehungsministeriums, sie gelten nicht unbedingt als elitär, doch kann das zu zahlende Schulgeld zu sozialen Schichtungen beitragen (zum Schulsystem vgl. die Übersicht im German-Korea-Net: URL 7 oder plastischer: KBS World 2011, URL 8).

Das Schulsystem lehnt sich der Struktur nach an das amerikanische System an und gliedert sich nach ein bis dreijährigen Vorschulen zunächst in eine sechsjährige Grundschule und eine dreijährige Mittelschule. Der Besuch der Grundschule und der Mittelschule ist verpflichtend. Praktisch 100% der Schülerinnen und Schüler werden in die Grundschule eingeschult, nahezu 100% wechseln danach auf die Mittelschule.

Es folgen zwei Arten von dreijährigen High Schools. Die allgemein bildenden, auf ein Hochschulstudium vorbereitenden, High Schools bilden grundlegend aus, einige haben sich aber auch auf bestimmte Fächer wie Kunst, Sport, Wissenschaft oder Fremdsprachen spezialisiert. Bei den berufsbildenden High Schools gibt es wiederum mehrere Unterarten, die sich speziell z.B. auf die Themen der Landwirtschaft, Ingenieurs- und Wirtschaftswissenschaften sowie Meereskunde vorbereiten. Der Lehrplan an diesen Schulen enthält zwischen 40 und 60 Prozent Fächer aus diesen Gebieten, der Rest gilt der Allgemeinbildung. Bei den jüngeren Schülerinnen und Schülern schließen rund 97 % eines Jahrgangs die High School erfolgreich ab (so jedenfalls die British Broadcasting Corporation 2005; vgl. auch KBS World 2011 unter Bezugnahme auf OECD Daten); mit diesem Wert liegt die Republik Korea weltweit an der Spitze.

Im Hochschulbereich hat sich die Republik Korea inzwischen der weltweiten Entwicklung angeschlossen, es gibt Colleges, Hochschulen und Universitäten und man kann den Abschluss des Bachelor und des Master erreichen.

Der außergewöhnliche Umstand, dass bei den Jüngeren derart viele Schülerinnen und Schüler eines Jahrgangs den High School Abschluss und damit prinzipiell die Hochschulreife erreichen, hat vor allem kulturelle Ursachen. Es ist das besondere Verständnis von Lernen, Leistung und Bildung, das die koreanischen Schülerinnen und Schüler anspornt. Schoenfeldt (1996) sieht vor allem drei Ursachen. Das ist erstens die sog. **Bildungsmeritokratie.** Sie hängt historisch mit dem Aufbau des chinesischen Beamtenstaates zusammen, der insbesondere auch unter dem Gesichtspunkt der Bildung erfolgte. Der gesellschaftliche Status und die Rolle in der Wirtschaft und der Verwaltung richten sich (weniger nach Geschlecht, Geburt oder Alter als) nach dem Bildungsstand und den formalen Bildungsabschlüssen. Gute Ausbildung ist der Schlüssel zum gesellschaftlichen Aufstieg. Hinzu kommt das **Konfuzianische Bildungsverständnis.** Konfuzius ging von der natürlichen Gleichheit der Menschen aus. Aus der natürlichen Gleichheit der Menschen leitete Konfuzius die Forderung ab, die Bildungseinrichtungen für alle (männlichen) Jugendlichen zu öffnen. Der Mensch ist für ihn im Kern gut, alle Menschen sind prinzipiell lernfähig und bildbar. Der Lernerfolg hängt weitgehend von ihm selbst und nicht etwa von den sozialen Bedingungen ab. Schließlich gibt es eine **Verknüpfung des Bildungsstandes mit der Moralität des Menschen.** Lernen ist eine moralische Pflicht. Wer faul ist, beleidigt seine Eltern. Und er wird ungebildet bleiben und damit nicht zur moralischen Spitze der Gesellschaft, sondern zu den Beherrschten gehören.

Aus diesen Grundhaltungen haben sich weitere Unterschiede zum deutschen System entwickelt. Ein **Aussteuern aus dem Schulsystem** kommt in der Republik Korea **praktisch nicht** vor, es gäbe auch keine Alternative. Das System verzichtet weitestgehend auf Abschlussprüfungen. Damit erhalten allerdings, wie in Finnland, Studienzahlbegrenzungen und Eingangsprüfungen für Hochschulen eine große Bedeutung. Da so viele Schülerinnen und Schüler die formale Hochschulreife erhalten, kommt es insbesondere **gegen Ende der Ausbildung zu einem starken Auslesekampf.** Im letzten, 12. Schuljahr, besuchen viele Schülerinnen und Schüler private Nachhilfeinstitute, arbeiten bis spät in die Nacht, gelegentliche Suizide wegen Prüfungsversagen sind Teil des Systems. Durch die damit verbundene finanzielle Beteiligung der Eltern werden Kinder aus den oberen sozialen Schichten stark bevorzugt.

Die guten Leistungen der koreanischen Schülerinnen und Schüler entstehen also in einem jedenfalls in den ersten 9 Jahren vertikal praktisch nicht weiter gegliederten System, einer **Art Gemeinschaftsschule,** der es in ganz außergewöhnlicher Weise gelingt, nahezu die ganze Population eines Jahrgangs zur Hochschulreife zu bringen (auch wenn die Inklusion noch nicht vollständig ist). Grundlegend dafür dürfte auch die, gesellschaftlich erwartete, besonders **hohe Leistungsmotivation** sein. Der mit dem System offenbar verbundene „mörderische" **Prüfungsstress** ist aber sicher kein Vorbild. Nach unserem Verständnis wichtiger Bildungsparameter sollte Bildung außerdem möglichst einhergehen mit Chancengerechtigkeit und möglichst geringer **sozialer Schichtung,** das ist in der Republik Korea jedenfalls gegen Ende der Schulausbildung und im Studium nicht der Fall.

3.2. Scientific Community

Die wissenschaftliche Gemeinschaft ist nach den ersten PISA Daten unterschiedliche Wege gegangen. So ist eine Reihe von Sammelbänden entstanden, die sich mit der Qualitätsverbesserung des vorhandenen Schulsystems befasst haben (vgl. z.B. van Buer & Wagner

2007). Diese Überlegungen sind dann durch eher problemspezifische wie auch durch die Inklusionsdebatte bestimmte Diskussionen ergänzt worden.

Andererseits sind auch vereinzelt Sammelbände zur Gemeinschaftsschule entstanden wie das Buch von Heyer, Sack und Preuss-Lausitz (2003, mit vielen weiteren Nachweisen). Rufen wir uns die **Argumente für das längere gemeinsame Lernen** noch einmal in Erinnerung, so werden insbesondere folgende Gründe genannt:

Längeres gemeinsames Lernen

- PISA zeigt, dass unser vertikal gegliedertes System einerseits nur eine mittelmäßige Leistung bringt, andererseits aber eine große Spannbreite zwischen leistungsschwachen und leistungsstarken Schülerinnen und Schülern produziert. Es ist auffallend, dass die **PISA Spitzenreiter international nahezu ausschließlich gemeinsamen Unterricht** bis zur 9. bzw. 10. Klasse haben (vgl. auch Klafki 2003, 44 ff.).

- Das demokratische Prinzip der Gleichheit (Art. 3 GG) sollte auch in der Schule gelten (vgl. Wenzler 2003, 22 ff.). Die **vertikal gegliederte Schule liest schichtspezifisch aus** und verfestigt damit die Unterschiede (Klemm 2003, 49 ff.). Gemeinsames Lernen fördert demgegenüber die Chancengleichheit (vgl. Beer 2003, 29 ff.).

- Die Auslese nach der 4. oder 6. Klasse erfolgt zu früh und außerdem „nach unten" (Bartnitzky 2003, 18), frühe Trennung führt nicht notwendig zu mehr Leistung (Harms 2003, 40), **frühe Selektion verschwendet Lebens- und Lernzeit** (Demmer 2003, 34 f.), frühe Selektion ist auch nicht leistungsgerecht, denn von einer leistungsgerechten Verteilung der Schülerinnen und Schüler auf die Schultypen kann keine Rede sein (Klemm 2003, 49).

- Die **soziale Integration wird torpediert** (Bartnitzky 2003, 19). Es entsteht eine Trennung nach Elite und Underdogs, das ist ein falsches Bewusstsein. Die Elite lernt außerdem die Lebenswirklichkeit nicht umfassend kennen, sondern konzentriert sich auf ihre schichtenspezifischen Erfahrungen (vgl. Demmer 2003, 36).

- Eine Grundschule von vier Jahren ist zu kurz, um eine grundlegende Bildung zu vermitteln (Bartnitzky 2003, 18). **Grundlegende allgemeine Bildung** ist aber in einer sich schnell ändernden Gesellschaft eine wichtige Säule nachhaltiger Bildung.

- Die demographische Entwicklung und der damit verbundene Rückgang der Schülerzahlen macht vor allem in den östlichen Bundesländern, teilweise aber auch in den anderen Bundesländern, die **Verringerung der Schulstandorte** erforderlich, dies lässt sich mit einer Gemeinschaftsschule viel besser erreichen als in einem stark gegliederten Schulsystem (vgl. zu den Problemen der Schulentwicklungsplanung im gegliederten Schulsystem am Beispiel Mecklenburg-Vorpommerns: Weishaupt 2007, 12 ff., 18).

- **Heterogenität bietet neue Chancen.** Vielfalt ist positiv, lernen mit Unterschiedlichkeit umzugehen, ist eine wichtige Aufgabe (Wenzler 2003, 24), lernen in heterogenen Gruppen ist erfolgreich (Klemm 2003, 49 ff.). Die USA zeigen, dass eine heterogene Gesellschaft im Leistungsbereich zu Spitzenleistungen in der Lage ist.

- Die Gemeinschaftsschule muss aber von ihren Methoden und Inhalten neu durchdacht werden, besonders wichtig ist dazu die **gleichwertige wissenschaftliche Ausbildung der Lehrkräfte** (Beer 2003, 32 f.), also der Verzicht auf eine Spaltung der Lehrkräfte nach Schultypen (Demmer 2003, 37), wobei dann der **pädagogische Ausbildungsanteil** allgemein und insbesondere bei den (reinen) Philologen deutlich erhöht werden muss.

- Zentral ist auch eine **Änderung der Lehrkräfteperspektive weg von den Schulnoten hin zu einer Förderung der Kinder** (Beer 2003, 30), wir brauchen ein System der individuellen Förderung der Kinder, mit Respekt vor ihrer Verschiedenheit.

Klemm (2003, 52) fasst diese Argumente zusammen: Es kann als gesichert gelten, integrierte Systeme stehen hinsichtlich der Schülerleistungen gegliederten Schulsystemen auf keinen Fall nach; letztere haben aber noch den Nachteil der schichtenspezifischen Auslese.

Auch die **Gewerkschaften** und insbesondere die Gewerkschaft Erziehung und Wissenschaft (GEW) haben sich in ihren fachlichen Publikationen, z.b. unter der Plattform „Eine Schule für alle" klar positioniert (URL 9). Eine überzeugende Zusammenstellung ihrer Argumente findet sich auch in der Broschüre: „Konsequent: Eine gute Schule für alle" – Gewerkschaften zur Schule der Zukunft (DGB Bundesvorstand 2009). Auf Seite 14 werden die Anforderungen noch einmal zusammengefasst:

DGB 2009

- gemeinsamer Unterricht bis zum 10. Schuljahr mit integrativen Konzepten
- individuelle Förderung aller Schülerinnen und Schüler
- ganztägig organisierter Unterricht
- Orientierung der schulischen Lernkultur an heterogenen Lerngruppen
- Förderung von Selbstständigkeit und selbstständigem Lernen
- Neuausrichtung von Lehrkräfteausbildung und -fortbildung
- Verstärkung der arbeits- und berufsweltlichen Orientierung

Zu ähnlichen Ergebnissen kamen im Übrigen auch **Expertenkommissionen**, z.B. in Mecklenburg-Vorpommern und Nordrhein-Westfalen. So stellte eine von einem CDU Bildungsminister in Mecklenburg-Vorpommern begleitete Expertenkommission in ihrem Bericht zur Entwicklung eines zukunftsfähigen Bildungssystems in Mecklenburg Vorpommern fest, dass das längere gemeinsame Lernen eine notwendige Voraussetzung zur Sicherung der Chancengerechtigkeit und Bildungsbeteiligung ist, wobei sie allerdings darauf hinwies, dass auch die Rahmenbedingungen stimmen müssen (Expertenkommission 2008, 93 ff. für MV; Klemm & Preuss-Lausitz 2011 für NRW).

In dieselbe Richtung formulierte schließlich die **OECD in ihrem Bericht zu PISA 2009** (OECD, PISA 2009, Volume IV, 13, hier in gekürzter Übersetzung): Erfolgreiche Schulsysteme – also solche, die überdurchschnittliche PISA Leistungen bei unterdurchschnittlichen sozioökonomischen Ungleichheiten erzielen – sehen für alle Schülerinnen und Schüler, unabhängig von ihrem sozioökomoschen Hintergrund, gleiche Lernmöglichkeiten vor ... Demgegenüber zeigen Schulsysteme, die annehmen, dass Schülerinnen und Schüler [von vornherein, d. V.] unterschiedliche Ziele und Erwartungen haben und die die Schülerinnen und Schüler demgemäß unterschiedlichen Schulen, Klassen und Kursen zuordnen, eine geringere Chancengleichheit, ohne dadurch bessere Leistungen zu erreichen ... Je jünger die Schülerinnen und Schüler bei dieser Selektion sind, umso größer werden die Auswirkungen des sozioökonomischen Status, insgesamt bessere Leistungen werden aber dadurch nicht erzielt.

3.3. Die Positionen der Parteien

Da Bildung Ländersache ist und viele Länder von Koalitionen regiert werden, kann es nicht verwundern, dass die Positionen der Parteien selbst in den letzten 10 Jahren nach dem PISA Schock weder bundeseinheitlich noch stets dauerhaft sind.

Dennoch lassen sich zwei große Blöcke identifizieren. Der eine Block wird gebildet durch CDU/CSU und FDP, die mit unterschiedlichen Schwerpunkten das vorhandene gegliederte Schulsystem verbessern möchten. Der zweite Block wird gebildet durch die SPD, Bündnis90/Die Grünen und die Linke.

Die Parteien

- Die CDU spricht sich zwar in ihrem Grundsatzprogramm vom Dezember 2007 für mehr Bildung für alle aus und bezeichnet die Teilhabe aller an Bildung und Ausbildung als Gebot der Chancengerechtigkeit, aus ihrer Sicht hat sich aber das gegliederte Schulwesen bewährt (vgl. das Grundsatzprogramm der CDU vom 4. Dezember 2007, 33 ff., Nrn 90, 92, 98). Aus der Sicht der CDU/CSU sprechen für das gegliederte System offenbar der Gedanke des (bewahrenden) Konservativismus und die große Bedeutung der individualistischen Perspektive. Ein System, welches in den Bundesländern Bayern, Baden-Württemberg und Sachsen für Deutschland überdurchschnittliche Ergebnisse gebracht habe, kann aus dieser Sicht beibehalten und sollte nur verbessert werden. Das Gymnasium bringt in diesem System ja noch die besten Leistungen, also muss es gesichert werden.

- Aus der Sicht der FDP steht der Liberalismus im Vordergrund. In ihrem Grundsatzprogramm (Karlsruher Freiheitsthesen vom 2. Mai 2012, 51 ff.) formuliert sie demgemäß: Freiheit braucht Bildung und Bildung braucht Freiheit. Auch sie erkennt Schwächen im gegenwärtigen Bildungssystem. Bildung soll sich mehr noch als bisher pragmatisch am einzelnen Menschen ausrichten, dies werde durch eine Vielfalt von Bildungsangeboten, große Freiheit für die Bildungsträger, starke Auswahlmöglichkeiten sowie durch schulischen Wettbewerb und eine Zusammenarbeit mit der Wirtschaft erreicht.

- Die SPD hat sich in der Vergangenheit deutlich für ein längeres gemeinsames Lernen ausgesprochen (vgl. das Hamburger Programm, das Grundsatzprogramm der SPD, vom 28.10.2007, Nr. 47). Auch in den Ländern gibt es durchgängig Bestrebungen in Richtung auf ein längeres gemeinsames Lernen (vgl. zu den Vorstellungen: Friedrich Ebert Stif-

---

tung, Landesbüro Thüringen, Tagung 2007, und z.B. das Regierungsprogramm der SPD Mecklenburg-Vorpommern 2011-2016, Schulische Bildung, Seite 49). Dabei gehen je nach Bundesland die Forderungen von einer sechsklassigen Orientierungsstufe bis zur zehnjährigen Gemeinschaftsschule (so das Papier des Bundesvorstandes der sozialdemokratischen Arbeitsgemeinschaft für Bildung, AfB, vom April 2012). Chancengerechtigkeit und Leistungsbreite sind dabei wichtige Eckpfeiler.

- Bündnis 90/Die Grünen betonen vor allem den Nutzen der Vielfalt. Heterogenität ist für sie ein ausdrücklich gewolltes Merkmal einer offenen und bunten Gesellschaft, die auf eine breite Gemeinschaft setzt. Sie sprechen sich ausdrücklich für das längere gemeinsame Lernen aus, damit gesellschaftliche Teilhabe nicht weiter von ethnischer und sozialer Herkunft mit bestimmt wird (vgl. Bündnis 90/Die Grünen, Der grüne neue Gesellschaftsvertrag, Bundestagswahlprogramm vom 10.05.2009, Kapitel Bildung, Seite 103).

- Die Linken sind traditionell aus Gleichheitsgesichtspunkten für eine Gemeinschaftsschule, viele von ihnen erinnern sich an ein Schulsystem in der DDR, welches, wenn man von politischer Indoktrination einmal absieht, zu einer gewissen Auflösung der Schichtenabhängigkeit geführt hat. Bildung für alle kann aus ihrer Sicht am ehesten erreicht werden, in dem alle jungen Menschen möglichst lange gemeinsam lernen und bestmöglich gefördert werden (vgl. Programm der Partei die Linke vom 23. Oktober 2011, Kapitel 4.3., Seite 57).

Fasst man dies zusammen, so werden eigentlich von allen Parteien die Schwächen des aktuellen Bildungssystems gesehen, die Konsequenzen sind aber unterschiedlich, insbesondere die westlichen Bundesländer tun sich mit Veränderungen schwer.

In den östlichen Bundesländern dürfte es demgegenüber aber sogar eine (möglicherweise an den eigenen früheren Erfahrungen orientierte) parteienübergreifende Mehrheit für das längere gemeinsame Lernen geben. Dafür spricht jedenfalls das erstaunliche Ergebnis der bereits erwähnten TNS Infratest Sozialforschung Befragung im Jahre 2005 in Mecklenburg-Vorpommern, wonach sich unter den SPD-Sympathisanten 66%, unter den PDS-Anhängern 71% und unter den CDU-Wählern 70% für einen achtjährigen gemeinsamen Unterricht aussprachen (Schlotmann, 2005).

Ziehen wir ein **Zwischenfazit** zu diesem Kapitel, so lässt sich festhalten, dass die Schulmodelle in den PISA Spitzenländern und gewichtige wissenschaftliche Erkenntnisse für die Gemeinschaftsschule sprechen, politisch ist die Überzeugungslage allerdings nicht ganz so einheitlich. Hier ist also Überzeugungsarbeit zu leisten.

4. Kriterien erfolgreichen gemeinsamen Lernens

Erfolgreiches gemeinsames Lernen verlangt zunächst den Blick auf die Ziele von Bildung und Erziehung. Einen, über Kapitel 1 dieses Buches und die Schulgesetze der Länder hinausgehenden, kompakten Hinweis dazu gibt uns § 1 Absatz 1 Kinder- und Jugendhilfegesetz (SGB VIII): *Jeder junge Mensch hat ein Recht auf Förderung seiner Entwicklung und auf Erziehung zu einer eigenverantwortlichen und gemeinschaftsfähigen Persönlichkeit.* Was bedeutet das nun für eine Gemeinschaftsschule?

Enkulturation, Allokation und Veränderung

Fend (2008, 32 ff.) weist darauf hin, dass Schule eine **Enkulturationsfunktion** hat, also den kulturellen Zusammenhang der Gesellschaft abzusichern hat. Auch Gemeinschaftsschule hat diese Funktion, sie soll die kulturellen Gegebenheiten vermitteln. Doch beschränkt sich ihr Anliegen nicht auf eine unkritische Reproduktion der Umstände, es ist vielmehr verbunden mit kulturellen Zielen und richtet sich nicht auf den Regelfall der Segregation, sondern eben auf den Regelfall der Gemeinschaft aus.

Fend weist weiter darauf hin, dass Schule auch eine **Allokationsfunktion** hat, sie soll die Schülerinnen und Schüler entsprechend ihrer individuellen Leistungsfähigkeit und Begabung auf das Leben nach der Schule vorbereiten. Gemeinschaftsschule leugnet diesen Vorbereitungsprozess nicht, sie muss sich aber auch nicht unguten gesellschaftlichen Prozessen unterordnen.

Vielmehr nimmt Gemeinschaftsschule für sich auch eine **Veränderungsfunktion** in Anspruch und verzichtet daher möglichst lange auf veränderungswürdige Arbeitsteilung und soziale Schichtung und verschiebt die unvermeidbaren Anpassungs- und Zuordnungsprozesse möglichst weit nach hinten.

Förderung, Eigenverantwortlichkeit und Gemeinschaftsfähigkeit

In diesem neugierig-kritischen Sinne hat dann auch Gemeinschaftsschule ähnliche Funktionen, wie die in § 1 SGB VIII niedergelegten: Sie soll individuell fördern und die Entfaltung der Potenziale sichern, sie soll das Verantwortungsbewusstsein, auch für die eigene Leistung, stärken und das Zusammenleben mit anderen, nebst sozialem Verhalten, einüben.

4.1. Individuelle Förderung und Förderbedarf

Gemeinsames Lernen bedeutet, dass Schülerinnen und Schüler unterschiedlicher Herkunft und unterschiedlichen Leistungs- und Sozialverhaltens, in der inklusiven Schule auch mit Behinderungen, in einer Klasse bei ihrem Lernprozess begleitet werden sollen.

Einer solchen pädagogischen Situation wird man nicht gerecht, wenn man allen dieselbe Information vermittelt und dann, wie im gegliederten System, Verständnis und Durchdringung in Klassenarbeiten abfragt, um damit eine notenmäßige Rangreihe zu erstellen, die die Einordnung in das herkömmliche Klassen- und Schulsystem ermöglicht. Vielmehr ist hier zunächst ein Paradigmenwechsel erforderlich. Nicht mehr die durch eine Notengebung und

Rangreihenerstellung ermöglichte Zuordnung zu einer bestimmten Klassenstufe und Schule ist die wesentliche Aufgabe, sondern die **individuelle Förderung** der Einzelnen mit dem Ziel, sie in der Klasse zu halten.

Wenn individuelle Förderung zur zentralen Aufgabe wird, stellt sich allerdings die Frage, wie der Förderbedarf erfasst und sinnvoll in Interventionen umgesetzt werden kann.

Zur Kritik der herkömmlichen Feststellungsdiagnostik

Die Erfassung des allgemeinen Förderbedarfs wird in den Schulen traditionell über die Notengebung erreicht. Wer eine schlechte Note hat, wird motiviert fleißiger zu sein, in manchen Schulen gibt es zusätzliche Förderstunden, es gibt Elterngespräche, Nachhilfe oder sogar außerschulische therapeutische Hilfe. Der sonderpädagogische Bedarf im Bereich der Förderschulen wird meist im Rahmen einer vor allem psychologisch ausgerichteten Feststellungsdiagnostik ermittelt. Regelmäßig unter Einschaltung eines diagnostischen Dienstes wird auf die bereits jetzt in den psychologischen Testmanualen vorhandenen Schultests oder auf neu entwickelte Verfahren zurückgegriffen, die Auswertung wird evtl. durch persönliche Wahrnehmungen und neuerdings auch Portfolios ergänzt.

Diese Art der Feststellungdiagnostik ist in letzter Zeit in Tagungen und Gutachten immer wieder kritisch diskutiert worden (vgl. z.B. Klemm & Preuss-Lausitz 2011, 79; vgl. Kampmeier, Hochschule, Neubrandenburg, Vortrag Mai 2012). Und diese Art von Feststellungsdiagnostik hat in der Tat Schwächen. Eine rein individualistische Feststellungsdiagnostik bedeutet zunächst eine ungewünschte **Opferperspektive**. Der Einzelne ist das Problem, sein Defizit und seine Schwächen, der systemische Zusammenhang geht verloren, die Interaktion zwischen Lehrkräften, Schülerinnen bzw. Schülern und der Aufgabenstellung tritt in den Hintergrund. Auch kann eine solche Feststellungsdiagnostik Behinderungsbilder oder andere **Etikettierungen** erzeugen und festigen, die dann einen stigmatisierenden Effekt haben und damit ebenfalls einer Inklusion schaden können, insbesondere dann, wenn Ressourcen und Stärken nicht beachtet werden. Schließlich hat eine solche Feststellungsdiagnostik den Charakter des **Statischen**, sie integriert nicht ohne weiteres die prozesshafte Entwicklung, den individuellen Lernfortschritt. Sie dient schließlich im traditionellen System von der Zielsetzung her der **Einordnung** in das Klassen- und Schulsystem, und, würde man sie unkritisch in eine Gemeinschaftsschule übernehmen, würde auch der Gedanke der (exklusiven) Kategorisierung und Rangreihe Bedeutung behalten.

Aus diesen Überlegungen lässt sich allerdings **nicht ableiten, dass auf Diagnostik völlig verzichtet werden könnte**. Diagnostik im engeren Sinne, verstanden als Erhebung von Daten, als Wahrnehmung einer Auffälligkeit, ist notwendig, weil wir sonst keine Entscheidungsgrundlage hätten. Und Diagnostik im weiteren Sinne, Diagnostik also, die auch Frage- und Zielstellung mit einbezieht, ist notwendig, weil es im Hinblick auf nachfolgende Interventionen immer (diagnostische = erkennende = beurteilende) Entscheidungsprozesse geben muss, denn die konkrete Lernausgangslage und die Fördermaßnahme müssen natürlich schon „erkannt" und „beurteilt" werden, und werden nicht etwa ausgewürfelt oder sonst willkürlich festgestellt.

Es kommt also darauf an, den diagnostischen Prozess so zu gestalten, dass die identifizierten Schwächen nicht wirksam werden.

Von der Feststellungsdiagnostik zur Förderdiagnostik

Rationale Diagnostik nutzt **alle im Rahmen eines vernünftigen Zeit- und Kostenaufwandes verfügbaren Daten**. Ein Streit darüber, ob schulische Noten, psychologische Tests oder die teilnehmende Beobachtung der Lehrerinnen und Lehrer den (allein) richtigen Zugang darstellen, ist wenig hilfreich, denn abhängig von der diagnostischen Aufgabe sind verschiedene Zugänge mehr oder weniger sinnvoll. Ein vernünftiges Assessment zieht die Beobachtungen und Unterrichtserfahrungen, gut dokumentierte Förder-Portfolios, Ergebnisse von Übungsaufgaben und Leistungsabfragen und, je spezifischer die Fragestellung umso mehr, auch psychologische Tests oder Noten, mit ein.

Rationale Diagnostik kann auch nicht auf die Sammlung, Bündelung und Interpretation von Daten und die damit verbundenen Feststellungen verzichten. Sehr wohl aber können Umfang, Methoden und Ziele differieren. Klemm & Preuss-Lausitz (2011, 79 ff, 84) schlagen eine **Differenzierung nach den Förderschwerpunkten** LES (Lernen, emotionale und soziale Entwicklung und Sprache) einerseits und den Förderbereichen körperliche und motorische Entwicklung, geistige Entwicklung, Hören und Kommunikation sowie Sehen und Kranke andererseits vor. Hinsichtlich LES wollen sie auf eine Feststellungsdiagnostik weitgehend verzichten, im Übrigen sie aber beibehalten. Das ist ein möglicher Weg, aber er ist nicht ganz einfach, wie schon Schwierigkeiten bei der Abgrenzung der beiden Bereiche zeigen. Ein anderer Weg ist die Differenzierung nach dem Ausmaß der Auffälligkeit, kleine Abweichungen gehören in den Verantwortungsbereich der Lehrerinnen und Lehrer (ihrer Beobachtung und Bewertung), mittlere in den des schulischen Netzwerkes mit einem mittleren Feststellungsaufwand, große in ein externes Netzwerk, welches dann auch eine umfassende Diagnostik zu leisten hat.

Inhaltlich darf Feststellungsdiagnostik aber weder etikettierend noch opferorientiert noch statisch sein. Der Etikettierung auf ein bestimmtes Defizit oder Behinderungsbild kann entgegengewirkt werden, wenn wir die jungen Menschen auch mit ihren Ressourcen und Stärken sehen, die Persönlichkeit also nicht pauschal betrachtet und auf ein Stigma verkürzt, sondern immer in ihrer Ganzheitlichkeit verstanden wird. Der Opferwerdung kann entgegengewirkt werden, wenn man Lernen und Teilhabe nicht auf die Kompetenzen und Leistungen der Schülerinnen und Schüler verkürzt, sondern als interaktiven Prozess versteht, der (systemisch) auch durch die Lehrerinnen und Lehrer, durch situative Faktoren wie das Elternhaus oder das Schulklima oder die Art und Schwierigkeit der Aufgabe mit bestimmt wird. Feststellung muss dabei auch immer Teil eines Prozesses sein, der einerseits Vergangenheit, Gegenwart und Zukunft, andererseits subjektive und mehr oder weniger objektive Vergleichsmaßstäbe mit beachtet. Je heterogener die Gruppe, umso wichtiger wird im schulischen Kontext der individuelle Fortschritt, der Vergleich mit allgemeinen gesellschaftlichen Maßstäben ist dann nur einer unter mehreren.

Feststellungen sind im Kontext der gemeinsamen Schule nicht Anlass zur Segregation, sondern **vor allem Mittel zur Förderdiagnose, Förderplanung und Umsetzung der Förderung**. Auch hier kann aber nach Förderbereichen und Gewichtigkeit unterschieden werden. Schülerinnen und Schüler aus dem LES Bereich oder mit einfachem Bedarf können, wie oben dargelegt, zunächst durch Förderung der jeweiligen Lehrerin oder des jeweiligen Lehrers unterstützt werden, z.B. durch Übungsaufgaben, durch andere methodische Herangehensweisen, durch Tandemlernen mit einer leistungsstärkeren oder jahrgangsälteren Schülerin oder einem Schüler. Fühlt sich die Lehrkraft nicht kompetent oder überfordert, trägt sie / er die Thematik dem schulischen Netzwerk vor, es könnte z.b. aus Psychologinnen und Psychologen, Schulsozialarbeiterinnen und -sozialarbeitern, Förderpädagoginnen und -pädagogen, Schulassistentinnen und -assistenten bestehen, und nach einer „Förderberatung" für junge Menschen mit mittlerem Bedarf Kleingruppenförderung oder individuelle Hilfen veranlassen. Junge Menschen mit einem besonders komplexen oder schwer zu ergründenden Bedarf würden an ein zentral, z.b. in den Räumen einer früheren Förderschule, angesiedeltes Expertenteam weitergegeben. Dort könnten auch Schülerinnen und Schüler mit den Förderbereichen körperliche und motorische Entwicklung, geistige Entwicklung, Hören und Kommunikation sowie Sehen und Kranke durch spezifische Förderungen unterstützt werden, indem sie z.b. die Blindenschrift erlernen oder Hilfe zur Kompensation körperlicher Beeinträchtigungen erhalten, wobei dann auch zu entscheiden ist, wie groß der Anteil an Unterricht in der Gemeinschaftsschule im Verhältnis zur individuellen Förderung ist.

Dies darf allerdings **nicht mit einer Diagnostik nach den privaten Kriterien** der Lehrkräfte verwechselt werden, die Kriterien müssen für vergleichbare Auffälligkeiten und Gruppen auch gleich sein. Denn die fehlende Vergleichbarkeit der Beurteilungen würde nicht nur eine faire Verteilung der Fördermittel erschweren, es bestände nach Praxiserfahrungen auch die Gefahr einer unnötigen Stigmatisierung, wenn an sich unauffällige Schülerinnen und Schüler als besonders förderbedürftig beschrieben werden, nur um mehr Fördermittel zu erhalten.

4.2. Leistungen und zieldifferentes Lernen

Zu den immer wieder geäußerten Sorgen der Gegner einer gemeinsamen Schule gehört die Frage, ob nicht das Leistungsniveau einer Klasse bei einer etwas heterogeneren Zusammensetzung abfällt und also insbesondere leistungsstarke Schülerinnen und Schüler beeinträchtigt werden.

Empirische Untersuchungen zum Leistungsverhalten

Angesichts der Bedeutung, die die Beantwortung dieser Frage für viele hat, ist es überraschend, dass es für den deutschen Sprachraum nur eine überschaubare Anzahl von empirischen Untersuchungen dazu gibt.

Aus der Sozialpsychologie wissen wir insofern, dass Prozessgewinne in Gruppen sehr komplexe Ursachen haben und sowohl von der individuellen Motivation und den individuellen Fertigkeiten wie auch von der Aufgabenstellung und Zusammensetzung und Organisation der Gruppe abhängig sind. Aufgaben sollten in heterogenen Gruppen so gestaltet sein, dass die Schwächeren von den Leistungsstärkeren und diese wieder von den Lehrkräften lernen können, Aufgaben, bei denen sich das Ergebnis allein nach der Leistung des Schwächsten richtet, sind weniger zielführend (vgl. Schulz-Hardt, Hertel & Brodbeck 2007, 698 ff.).

Untersuchungen wie die von Feyerer (1998) und Feyerer & Prammer (2003) konnten bei der Untersuchung der Frage, ob die kognitiven Schulleistungen der „nichtbehinderten" Kinder in den Fächern Deutsch, Mathematik und Englisch durch die Anwesenheit „behinderter" Kinder positiv, negativ oder gar nicht beeinflusst wurden, keine signifikanten Leistungsdifferenzen feststellen, auch nicht bei der Gruppe der gutbegabten Schülerinnen und Schüler (1998, 128 ff.). Auch Rauer & Schuck (2007) kamen zu dem Ergebnis, dass die **Integrationsklassen auch für Schülerinnen und Schüler ohne Förderbedarf Vorteile** haben. Die Untersuchungen beziehen sich zwar vor allem auf den inklusiven Unterricht, dürften aber auch ganz allgemein für den gemeinsamen Unterricht gelten. Ursächlich dafür sind möglicherweise die intensivere pädagogische Ausrichtung und der bessere Schüler-Lehrkräfte-Schlüssel (bei Einbeziehung der Förderschullehrerinnen und -lehrer).

Ähnliches ergibt der internationale Vergleich. Unterleitner (1990) kam in Österreich zu dem Schluss, dass Kinder in den Integrationsklassen tendenziell konzentrierter und in ihren Schulleistungen (Rechnen und Rechtschreiben in der Grundschule) sogar besser sind als Kinder in Regelklassen. Auch eine Untersuchung von Salend (1999) für den amerikanischen Bereich zeigte, dass leistungsstarke Schülerinnen und Schüler im gemeinsamen Unterricht nicht benachteiligt werden.

Im Übrigen stellt sich insofern auch die Frage der Beweislast. Muss die Gemeinschaftsschule angesichts ihrer weitgehend unbestrittenen Vorteile hinsichtlich der Chancengleichheit eigentlich beweisen, dass sie auch leistungsmäßig besser ist, oder reicht es nicht festzuhalten, dass es keine hinreichenden Belege gibt, dass sie leistungsmäßig schlechter wäre? Die Leistungsspitze der PISA Studien wird, wie bereits dargelegt, von Ländern wie Finnland und der Republik Korea gehalten, die diese durch einen langen gemeinsamen Unterricht erreichen ...

Binnendifferenzierung und individuelles Lernen

Gute schulische Leistungen hängen aber, auch in der Gemeinschaftsschule, natürlich von den angewandten Unterrichtsmethoden, der Klassenführung und dem weiteren schulischen Kontext und insbesondere der Förderung ab. Als hilfreich dürften sich dabei eine Binnendifferenzierung und das zieldifferente Lernen innerhalb der Klasse erweisen.

Man kann davon ausgehen, dass Klassen in Gemeinschaftsschulen sich durch eine größere Heterogenität auszeichnen. Damit brauchen die einzelnen nicht nur eine individuellere Zuwendung und Förderung, man kann (insbesondere beim inklusiven Unterricht) auch davon ausgehen, dass nicht alle Schülerinnen und Schüler die gleiche Leistung erreichen können, es bedarf daher eines zieldifferenten Lernens, welches Lern- und Aufgabenangebote für unterschiedliche Leistungsstärken eröffnet.

Das verlangt eine deutlich stärkere **Binnendifferenzierung**. Dafür gibt es inzwischen eine Vielfalt von Möglichkeiten, so z.B. die Differenzierung nach dem Anforderungsgrad und der Anzahl der Aufgaben, unterschiedlich umfängliche und intensive Unterstützung durch Lehrkräfte, variierte Materialien und Medien, das arbeitsteilige Lernen in Klein- und Großgruppen und weitere mehr. So könnten z.B. die Grundlagen und das Aufbauwissen nahezu allen Schülerinnen und Schülern vermittelt werden, während es bei der Vermittlung des Spezialwissens Differenzierungen geben kann, Leistungsstarke und sonst Interessierte hören zu, wer klar überfordert ist, kann sich mit anderen Aufgaben seines Levels befassen. Dabei ist es typischerweise hilfreich, wenn es Lehrbücher gibt, die hinsichtlich Wissensvermittlung und Aufgabenstellung ebenfalls eine solche Strukturierung vorhalten, und wenn es (betreute) Räumlichkeiten oder abgetrennte Raumecken gibt, die auch ein paralleles Arbeiten im selben Zeitraum, aber an unterschiedlichen Orten ermöglichen.

Eine Differenzierung könnte z.B. auch hinsichtlich der Nutzung unterschiedlicher **Denkmethoden** erfolgen. Erfahrungen zeigen, dass in heterogenen Klassen nicht nur deduktiv und konvergent, sondern verstärkt induktiv und divergent gedacht werden sollte. Beim deduktiven Denken bestimmen gedankliche Prämissen, Regeln und Konzepte, also Algorithmen den Weg zum Ergebnis, der Ansatz ist also eher theoretisch und setzt einen psychologischen Entwicklungsstand voraus. Beim induktiven Denken werden miteinander verbundene Erfahrungen durch Wahrscheinlichkeitsüberlegungen zu Daumenregeln konkretisiert und Analogien zu früheren Problemlösungen gezogen („erfahrungsgemäß ist das so"), dieses Lernen ist praxisnäher und fällt manchen Schülerinnen und Schülern leichter. Beim konvergenten Denken wird durch schrittweise, nachvollziehbare und logische Prozesse nach einer Lösung gesucht. Beim divergenten Denken wird durch ganzheitliche Prozesse, über ein Aha-Erlebnis, eine plötzliche Einsicht, nach einer Lösung gesucht (vgl. Northoff, Kompetenzen der Arbeits- und Problembewältigung, Kapitel 1.3., 2012b). Erfolgreiches Problemlösen setzt immer ein Zusammenwirken von konvergentem und divergentem Denken voraus, auch hier können sich Schülerinnen und Schüler ohne und mit Förderbedarf gut ergänzen.

Fächer- und aufgabenspezifische Zusammenhänge

Zusammenhänge mit dem Leistungsverhalten dürften sich auch aus den unterschiedlichen Fächern und Arbeitsthemen ergeben.

Es ist offensichtlich, dass z.B. körperliche Behinderungen Auswirkungen auf die Leistungen im herkömmlichen Fach Sport haben können – ein Angebot an Behindertensportarten könnte hier Abhilfe schaffen –, die geistigen Leistungen werden jedenfalls dadurch regelmäßig nicht tangiert. Vom gedachten Durchschnitt abweichende Erlebens- und Verhaltensformen können bei **Fächern**, die ein konformes Reproduzieren erwarten, zu Problemen führen, im Kunst- oder Musikunterricht aber zu großen Leistungen führen, weil dort auch divergentes Verhalten als Kreativität honoriert wird.

Eine Zuordnung zu Fächern ist dabei allerdings nicht immer vernünftig, denn die Unterschiedlichkeit der Fächer entspricht nicht immer analog den Besonderheiten des Förderbedarfs. Wahrscheinlich ist es daher im Hinblick auf den Förderbedarf sinnvoller, Leistungen eher an **Aufgaben** zu vergleichen als in Fächern. Sieht man sich dazu als Pädagogin oder Pädagoge nicht selbst in der Lage, kann man auch den Rückgriff auf psychologische Verfahren erwägen. Der von Petermann & Petermann bearbeitete Wechsler Intelligenztest für Kinder (seit 2011 WISC IV) betrifft Kinder und Jugendliche im Alter von 6-16 Jahren und erhebt fünf Intelligenzwerte, das Sprachverständnis, das wahrnehmungsgebundene logische Denken, das Arbeitsgedächtnis, die Verarbeitungsgeschwindigkeit und den Gesamt-IQ. Darüber lassen sich dann auch Aussagen zur Beurteilung der allgemeinen kognitiven Funktionsweisen, der intellektuellen Hochbegabung oder Intelligenzminderung diagnostizieren und individuelle Stärken und Schwächen feststellen. Solche Untersuchungen gehören aber grundsätzlich in die Hand von Schulpsychologinnen und -psychologen, sie können eher noch als Lehrerinnen und Lehrer professionell und mit Abstand diagnostizieren. Diese Informationen können zusammen mit den Ergebnissen der teilnehmenden Beobachtung der Lehrerinnen und Lehrer und den Ergebnissen der schulischen Leistungen wichtige Hinweise geben, so dass sich der Unterricht für alle, für leistungsstarke wie auch leistungsschwache, zu einer Gewinnsituation entwickelt.

4.3. Selbstwertgefühl und Leistungsvergleich

Eine weitere Sorge der Skeptiker geht dahin, dass die möglicherweise sehr heterogenen Leistungen das Selbstwertgefühl der schwächeren Schülerinnen und Schüler beeinträchtigen und dass insbesondere Kinder mit Förderbedarf leiden, weil sie manches nicht oder nur langsamer können.

Generelle Auswirkungen auf das Selbstwertgefühl

Es steht außer Frage, dass das Selbstwertgefühl ein wichtiger Parameter der Entwicklung ist. Grundsätzlich ist ein **positives Selbstwertgefühl** hilfreicher, weil es unsere Aktivierungs- und Entfaltungsmöglichkeiten stärkt und weil der Glaube an unsere Selbstwirksamkeit ein Entwicklungsmotor ist. Noch wichtiger aber ist eine **realistische Selbsteinschätzung**, die Stärken und Schwächen kennt und damit auch Chancen und Risiken des Handelns besser abschätzen kann. Gemeinschaftsschulen ermöglichen ein solches größeres Vergleichsspektrum und tragen damit zu einer solchen realistischen Einschätzung bei.

Eine insofern differenzierende Bestätigung lässt sich der bereits erwähnten Untersuchung von Feyerer (1998, 136 ff.) entnehmen. Feyerer knüpfte an das neutralere Selbstkonzept an und untersuchte Integrationsklassen und nicht integrative Klassen nach Leistungsselbstkonzept, sozialem Selbstkonzept und allgemeinem Selbstwertgefühl. Dabei zeigten sich sowohl hinsichtlich des Leistungsselbstkonzepts als auch hinsichtlich des allgemeinen Selbstwertgefühls signifikante **Unterschiede zu Gunsten der Integrationsklassen**. Die Schülerinnen und Schüler in den Integrationsklassen wiesen ein signifikant positiveres Leistungsselbstkonzept auf, möglicherweise liegt das nach dem Bezugsgruppenkonzept daran, dass in einer heterogenen Klasse von den leistungsstarken Schülerinnen und Schülern leichter Erfolge erzielt werden können, und dass „potenzielle Förderschüler" stolz sind, eine „normale Schule" besuchen zu dürfen. Auch das allgemeine Selbstwertgefühl war in den Integrationsklassen besser als in anderen Klassen, was möglicherweise mit einem insgesamt positiveren Unterrichtsklima und einem geringeren Leistungsdruck zusammen hängen könnte.

Die Untersuchung von Wohlbefinden und Belastung (a.a.O., 140 ff.) zeigte im Übrigen, dass die Schülerinnen und Schüler **in Integrationsklassen deutlich zufriedener** mit dem Unterricht und den Lehrerinnen und Lehrern waren als die Schülerinnen und Schüler in anderen Klassen, dass aber in den beiden Gruppen kein Unterschied hinsichtlich der psychischen Belastung durch die Schule gemessen werden konnte.

Auswirkungen auf Schülerinnen und Schüler mit besonderem Bedarf

Können wir also festhalten, dass die Auswirkungen der (inklusiven) Gemeinschaftsschule auf das Selbstwertgefühl und die Zufriedenheit im Vergleich zur herkömmlichen Schule generell positiv sind, ist damit allerdings noch nicht die Frage beantwortet, wie sich denn **innerhalb einer Integrationsklasse** die vergleichsweise guten Leistungen der übrigen Schülerinnen und Schüler auf das Selbstkonzept der Schülerinnen und Schüler mit besonderem Bedarf auswirken. Nach dem Bezugsgruppenkonzept könnte mit Beeinträchtigungen gerechnet werden, wenn die Schülerinnen und Schüler mit schwierigen Lernausgangslagen sich (nur) an den leistungsstarken Schülerinnen und Schülern und nicht an ihrem eigenen Entwicklungsfortschritt messen. Gute Lehrkräfte wissen dies und steuern behutsam gegen, Klemm &

Preuss-Lausitz (2011, 46) können daher nach einer Analyse umfangreicher Studien diese Sorge entkräften: „Kinder mit Förderbedarf sind in der Regel in ihren **Klassen gut integriert,** je länger sie zur Klasse gehören, desto günstiger entwickelt sich ihre informelle Position – auch ein Ergebnis der Bemühungen und Akzeptanz von Beeinträchtigungen und unterschiedlichen Fähigkeiten". Sie konstatieren weiter eine positive Hilfsbereitschaft und Freundschaften über alle Unterschiede hinweg, das ist ein Effekt, der mittelfristig der sozialen Segregation entgegenwirken wird. Insbesondere entfalle auch die bei einem Besuch der Förderschule immer wieder anzutreffende Scham für die besondere Art der Schule bei einem Besuch der Gemeinschaftsschule. Und noch etwas dürfte sich auswirken: Die Differenzen, die es bisher zwischen dem Erleben der Förderschule und dem Erleben der realen Welt gibt, können in der Gemeinschaftsschule in einem geschützten Raum ausgelebt, behutsam erprobt und dann einfacher in ein realistisch positives Selbstwertgefühl gewandelt werden.

Günstige schulische Rahmenbedingungen

Eine heterogene Klassenzusammensetzung benötigt allerdings geeignete Rahmenbedingungen, damit das mögliche unterschiedliche Leistungserleben nicht zu einer Belastung des Selbstkonzepts führt.

Wichtig ist dabei das bereits angesprochene **realistische Bezugsgruppendenken.** Wer als leistungsstarke/r Schülerin oder Schüler das Selbstwertgefühl vor allem aus einem Vergleich mit den Schülerinnen und Schülern mit Förderbedarf ableitet, befördert ein unrealistisches Selbstwertgefühl genauso wie diejenige Schülerin mit Förderbedarf, die sich mit den Leistungsstärksten vergleicht. Hier ist es die Aufgabe der Pädagoginnen und Pädagogen, die unterschiedlichen Ausgangsbedingungen und persönlichen Entwicklungsprozesse zu betonen und dabei gleichzeitig die Relation zur realen Leistungswelt nicht zu vergessen.

Dabei sollten dann die **Leistungsanforderungen auch individuell abgestimmt** (und also zieldifferent) sein. Überforderung und Unterforderung erscheinen – wenn wir auf das Konzept der Minderwertigkeit zurückgreifen (Adler 1930/1978) – problematisch, erstere, weil sie das positive Selbstbild gefährdet, letztere, weil sie die Entfaltungspotenziale vernachlässigt. Erhalten Kinder wegen fortlaufender Überforderung vor allem negative Rückmeldungen, begrenzt dies ihre Entwicklungsmöglichkeiten und kann zu einem niedrigen und leicht verletzbaren Selbstwertgefühl führen, welches dann z.B. bei pubertierenden männlichen Jugendlichen zu aggressiven Überkompensationen ausarten kann. Fortlaufend unbegründetes Lob kann aber auch verunsichern. Gemeinschaftsschule verlangt hier eine aufmerksame Pädagogik.

Als besonders günstig für ein leistungsbezogenes Selbstvertrauen dürften sich dabei erweisen (1) eine positive Lehrkraft-Schüler/in-Beziehung, (2) die Freude der Lehrkraft am Unterrichten, (3) die klare und auch förderdiagnostische Rückmeldung zum Leistungsverhalten und (4) die (berechtigte) Bestärkung der **Selbstwirksamkeitsüberzeugung,** also der Einsicht, dass (und ggf. welche) Verbesserungen durch eigene Anstrengungen möglich sind (vgl. auch Helmke 2009a).

4.4. Sozialverhalten und soziale Lernprozesse

Manchmal wird auch die Sorge geäußert, dass die heterogenen Zusammensetzungen der Schülerinnen und Schüler in Gemeinschaftsschulen Störungen im Sozialverhalten (wie z.B. eine verstärkte Unaufmerksamkeit oder eine erhöhte Aggressivität) nach sich ziehen könnten.

Generelle Zusammenhänge mit dem Sozialverhalten

Ob und welche Zusammenhänge es zwischen einem gemeinsamen Unterricht und sozialem Verhalten gibt, lässt sich nur differenziert betrachten.

Zunächst ist festzuhalten, dass das Sozialverhalten primär in der Familie und den familiären Bezügen erlernt wird, es kann so vielfältig sein wie die Herkunftsfamilie. Insofern gibt es keine sicheren Anhaltspunkte, dass das **Sozialverhalten in ärmeren oder bildungsferneren Schichten** „schlechter" sei, es ist allerdings anders. Die Handlungsweisen sind möglicherweise direkter und nicht so strukturiert, die Sprache kann deutlicher und nicht so elaboriert sein, die Art miteinander umzugehen kann körperbetonter sein und nicht ganz so viel Wert auf körperliche Zurückhaltung legen, Problemlösungen können (wie z.B. bei manchen Familien mit Migrationshintergrund aus anderen Kulturkreisen) macht- und gewaltnäher sein (vgl. Northoff, Sozialisation, Sozialverhalten & psychosoziale Auffälligkeiten, Kapitel 4.5., 2012c). Moralische Unterschiede sind damit aber nicht notwendig verbunden, denn während die einen z.B. durch körperbasierte Straftaten leichter auffallen, nutzen die Schichthöheren und intellektuell Leistungsstärkeren ihren Intellekt, um Straftaten wie Betrügereien, manipulierte Konkurse oder Steuerhinterziehungen zu begehen und können dabei noch auf ein schützendes Dunkelfeld hoffen.

Schule hat mit diesen primären Prozessen umzugehen, erhält im weiteren Schulverlauf aber auch eine **eigene Gestaltungsverantwortung**, sie kann Schwächen verstärken oder auch kompensieren. Die stark gegliederte Schule transportiert das Sozialverhalten relativ geschichtet in die Hauptschulen, Realschulen und Gymnasien, Gemeinschaftsschule trägt durch die Aufrechterhaltung der sozialen Heterogenität aus der Grundschule (und durch Inklusion) zu einer sozialen Durchmischung bei und ermöglicht eher **Kompensationen**. Diese Kompensationen werden in der Grundschule als „tägliches Geschäft" angesehen, im gegliederten Schulsystem aber zunehmend problematisiert, die Lehrerinnen und Lehrer verstehen sich, wie es einmal in einer Diskussion zu hören war, „als Philologin und nicht als Pädagogin". Gemeinschaftsschule muss insofern auch ein neues Selbstverständnis der Lehrer/innen befördern, es geht darum, die Verschiedenheit von Menschen zu schätzen und aktiv zu nutzen, aufmerksam zu sein und Menschen nicht an den Rand zu drängen, Entwicklung als Prozess zu verstehen und sich auch über kleine Schritte zu freuen. Gemeinschaftsschule verlangt insofern, dass der **Pädagogikanteil deutlich erhöht** wird, Lehrerinnen und Lehrer müssen bis zum Schulabschluss immer auch engagierte Pädagoginnen und Pädagogen sein.

Gemeinschaftsschule und soziale Auswirkungen

Es ist relativ unbestritten, dass gemeinsamer Unterricht bildungsferneren Kindern und Kindern mit besonderem Bedarf auch günstigere soziale Lernprozesse ermöglicht.

Es gibt insofern eine Reihe von internationalen Langzeitstudien, die die Entwicklung von Kindern mit besonderem Bedarf nach inklusivem Unterricht einerseits, nach einem Unterricht in Sonderklassen andererseits untersuchten (vgl. auch Klemm & Preuss-Lausitz 2011, 37 ff.). So kam in der Schweiz Riedo (2000) nicht nur zu dem Ergebnis, dass **leistungsschwache Schülerinnen nach integrativer Schulerfahrung** signifikant häufiger eine Lehre abschlossen, sondern auch, dass diese Beschulung **positive Auswirkungen** auf die Stabilität der privaten Beziehungen hatte (2000, 186), was möglicherweise daran liegt, dass sie ihre eigenen Fähigkeiten realer einschätzen konnten. Salend fand bei seiner Untersuchung in den USA heraus, dass Schülerinnen und Schüler mit Behinderungen nach einem stärker inklusiven Unterricht nicht nur häufiger den Übergang in eine höhere Bildungseinrichtung schafften, sondern auch häufiger selbstständig leben konnten, häufiger in der Gemeinde sozial integriert und sogar häufiger verlobt oder verheiratet waren (Salend 1999, 119).

Diese Untersuchungen beziehen sich zwar vornehmlich auf Menschen mit besonderem Bedarf, doch kann davon ausgegangen werden, dass auch Kinder aus bildungsferneren Schichten in einer Gemeinschaftsschule ähnlich profitieren. Die Gemeinschaftsschule eröffnet, im häuslichen Bereich nicht mögliche, neue soziale Erfahrungen, die Schülerinnen und Schüler lernen neue Ausdrucksformen, andere Verhaltensformen und alternative Problemlösungstechniken kennen, dieses Knowhow transportieren sie nicht nur in ihre eigenen Elternhäuser, sondern sie nehmen es auch mit als Entfaltungspotenzial in ihre eigene Zukunft.

Noch nicht ganz geklärt und empirisch offenbar auch wenig untersucht ist allerdings die Frage, ob sich die Gemeinschaftsschule auf das **Sozialverhalten der bildungsnäheren und leistungsstärkeren Schülerinnen und Schüler** auswirkt. Die selten laut geäußerten, aber insgeheim doch weit verbreiteten Ängste der Eltern formulieren sich umgangssprachlich in Sätzen wie: „Ich habe Angst vor schlechten Freunden!" und bewegen sich häufig entlang einer Theorie der differentiellen Assoziation (vgl. Sutherland 1955), wonach das Erlernen von abweichendem oder konformem Verhalten von der Häufigkeit und der Intensität der entsprechenden (differentiellen) Kontakte abhängig ist. Dass der gemeinsame Unterricht mit Schülerinnen und Schülern aus allen Schichten nicht schon strukturell ein „moralisches Risiko" in sich birgt, wurde bereits oben dargelegt. Das gleiche gilt auch für Menschen mit Behinderungen, Heterogenität und Diversity, Unterschiedlichkeit und Vielfalt, sind eine Bereicherung und sollten nicht als Belastung verstanden werden. Heterogenität schafft außerdem vielfältige neue und vor allem realistische Lernmöglichkeiten. So wissen wir z.B. von den (sehr heterogenen) **internationalen Schulen,** dass der erfolgreiche Besuch als ein Kriterium für spätere Führungspositionen gilt.

Günstige Rahmenbedingungen für heterogene Gruppen

Bei starker sprachlicher und sozialer Schichtung kann allerdings der Organisations- und Strukturierungsaufwand größer und sogar zum Problem werden.

So können z.B. Klassen mit unterschiedlichsten **sprachlichen Voraussetzungen,** wie sie in Stadtteilen mit einem hohen Anteil von Familien mit Migrationshintergrund möglich sind, auch einzelne Lehrerinnen und Lehrer überfordern. Die Schule der Zukunft arbeitet dieses Problem schon im Kindergarten und in der Vorschule ab. Um die für einen Schulbesuch notwendigen sprachlichen Voraussetzungen sicher zu stellen, werden schon heute in nahezu allen Bundesländern noch vor Schulbeginn Sprachstanderhebungen durchgeführt. Mecklenburg-Vorpommern geht einen etwas anderen Weg, denn es wird das allgemeinere Dortmunder Entwicklungsscreening für den Kindergarten, DESK 3-6, genutzt, um Frühförderbedarf zu erkennen. Ein solches Verfahren hat den Vorteil, die Informationsbasis zu verbreitern; es ist aber trotzdem umstritten, weil es von vielen als zu statisch und aufwendig angesehen wird. Welchen Weg man auch geht, wichtig ist es, die als sprachförderbedürftig diagnostizierten Kinder zur regelmäßigen Teilnahme an einer Sprachförderung zu motivieren bzw. zu verpflichten. Soweit die Frühförderung nicht ausreicht, ist auch noch in der Gemeinschaftsschule mit sorgsam durchdachten Zuordnungen und Fördermaßnahmen zu helfen, Klassen, in denen zahlreiche Schülerinnen und Schüler aus anderen Kulturkreisen stammen, verlangen normalerweise einen besseren Personalschlüssel.

Auch eine größere Anzahl von Schülerinnen oder Schülern mit (über die normale Heterogenität hinausgehenden) **schwierigen Lernausgangslagen** kann in Klassen dann zum Problem werden, wenn die pädagogischen Kompetenzen fehlen oder der Personalschlüssel keine befriedigende Zuwendung zulässt. In Italien, wo schon 1977 per Gesetz die Inklusion eingeführt wurde (vgl. zu den guten Erfahrungen: Spiewak, Die Zeit 31. Mai 2012, 33, 34), gilt, etwas vereinfacht, die Annahme, dass in einer Klasse mit 20 (zukünftig auf Grund der Sparmaßnahmen wahrscheinlich 25-30) Schülerinnen und Schülern nicht mehr als 2-4 *mit besonderem Bedarf* sein sollten. Eine derartige Regelung erscheint auch für die inklusive Gemeinschaftsschule vernünftig, der besondere Förderbedarf lässt sich bei etwa 3 Personen noch gut überblicken und organisieren, Abweichungen im Einzelfall können natürlich möglich sein.

Daneben sollten die Möglichkeiten genutzt werden, den **Unterricht so zu gestalten**, dass er auch bei größerer Heterogenität effektiv ist. Dazu gehört das Aufstellen klarer Regeln, die das für alle Gemeinsame betonen, diese Regeln sind insbesondere dann wirksam, wenn sie sich auf das Notwendige und Einsichtige beschränken und gemeinsam erarbeitet werden. Diese Regeln sollten dann auch (pädagogisch) durchgesetzt werden, wobei es lernpsychologisch effektiv ist, auf Störungen schnell und kompakt zu reagieren. Dazu zählt auch die Reduzierung der Vielfalt durch das Vermeiden zu vieler bzw. zu kleinteiliger Wahlmöglichkeiten, ohne dabei die Individualität zu sehr zu verbiegen. Die in der Gemeinschaftsschule wahrscheinlich häufigere Kleingruppenarbeit sollte pädagogisch strukturiert sein, sowohl durch eine sanfte Steuerung der Zusammensetzung als auch durch eine fortlaufende Begleitung z.B. im selben Klassenraum. Wer einmal (z.B. zu gegebener Zeit für Hausarbeiten) allein arbeiten möchte, muss dies in stressfreien Zonen machen können. Auch in der Gemeinschaftsschule muss das Verhältnis des Einzelnen zur Gruppe austariert werden, so wie § 1 des SGB VIII es beschreibt, es geht um die Erziehung zu einer eigenverantwortlichen und gemeinschaftsfähigen Persönlichkeit.

Auch sollten Lehrerinnen und Lehrer mehr noch als bisher darauf vorbereitet werden, mit **verhaltensauffälligen** Schülerinnen und Schülern umzugehen. Insofern ist es durchaus möglich, im Studium und auch in Fortbildungen die Kompetenzen so zu erhöhen, dass das Problem deutlich entschärft wird (vgl. dazu Northoff, Sozialisation, Sozialverhalten & psychosoziale Auffälligkeiten, Kapitel 4.5., 2012c). In der Praxis der Supervision ist die wohl wichtigste Botschaft, dass Lehrkräfte solche Störungen **nicht als persönlichen Angriff werten**. Wer persönlich beleidigt ist, verliert seinen kühlen Kopf und seine Professionalität, nicht nur das Lernverhalten, auch das Sozialverhalten entwickelt sich, es ist eben auch bei sozialen

Störungen so, dass der Schüler bzw. die Schülerin Fehler machen dürfen und die Lehrerinnen bzw. Lehrer damit umgehen können müssen. Es ist auch wenig hilfreich, darauf mit einfachen Zuschreibungen auf das Elternhaus zu reagieren, eine Lehrkraft sollte stets nach ihrem Anteil am Problem fragen. Der Aufklärung und Verhaltensänderung dient es, wenn durch eine dritte Person wie eine Schulsozialarbeiterin oder ein Schulsozialarbeiter die genauen persönlichen Hintergründe, situativen Umstände und subjektiven Motive erarbeitet werden, aus denen sich eine solche Störung ergibt, damit Änderungsprozesse eingeleitet werden können.

Natürlich gibt es auch Fälle, in denen dies nicht hilft, dann muss es auch in der Gemeinschaftsschule **Reaktionsmöglichkeiten geben, wie** einen sozialarbeiterisch betreuten Time-Out-Room, Angebote eines Verhaltenstrainings, Schülermediation oder in seltensten Ausnahmefällen auch vorübergehende Unterrichtung in einem externen Förderzentrum oder mit einem verstärkten Praxisanteil. Die im gegliederten Schulsystem übliche Reaktion, alsbald mit Schulstrafen zu reagieren oder den jungen Menschen auf der Leistungsschiene auszusteuern, mit der Konsequenz, dass es zu einem School-Hopping kommt, bis dann keine Schule mehr zur Aufnahme bereit ist und der Schulabbruch folgt, sollte auf jeden Fall vermieden werden. Gemeinschaftsschule kämpft von ihrer Intention her um jede einzelne Schülerin, jeden Schüler, denn sie kann das Problem allenfalls vorübergehend delegieren, die Schülerin oder den Schüler einfach weiterreichen, kann sie nicht.

Ein besonders spannender, aber auch besonders schwieriger, Zeitraum für das soziale Zusammenleben ist die Zeit der Pubertät. Und auch für diese Zeit brauchen wir nicht nur philologische Wissensvermittler, sondern pädagogisch versierte Lehrkräfte. Die auftauchenden Probleme sind bekannt und vielfältig und können hier nur an zwei Beispielen angerissen werden. Störungen sind besonders anstrengend bei **aggressiven männlichen Jugendlichen**, das kann eine Frage der Hormone sein und die haben zunächst einmal mit der Art des Schulsystems nichts zu tun. Soweit familiäre Defizite eine Rolle spielen, kann die Gemeinschaftsschule durch fairen Umgang und ein entspanntes Schulklima kompensieren. Gemeinschaftsschule kann insbesondere auch die Lernprozesse unter Gleichaltrigen strukturieren, dazu helfen die oben beschriebenen Hinweise, die Aggressionsforschung bietet dazu weitere vielfältige Interventionsmöglichkeiten (vgl. dazu Northoff, a.a.O.). Praktiker berichten, dass ganz allgemein und insbesondere bei inklusivem Unterricht manchmal auch das **Problem der körperlichen Attraktivität** eine nicht zu unterschätzende Rolle spielen kann. Manche Menschen können sich weniger anziehend, weniger gemocht fühlen, sie können darunter still leiden oder aber auch mit ohnmächtiger Wut reagieren. Dies sollte aufmerksam begleitet und in einem inklusiven Unterricht diskursiv aufgegriffen werden, auch kann es hilfreich sein, Informationen und Förderungen zu vermitteln. Erforderlichenfalls sollte Gemeinschaftsschule hier auch Freiräume vorhalten, um über das Besondere nachzudenken und es bestmöglich zu gestalten und zu entwickeln.

4.5. Noten, Feedback und Versetzungen

Gelebte Gemeinschaftsschule verlangt, dass schulische Schwierigkeiten auch gemeinsam gelöst werden.

Rückmeldungen der Pädagoginnen und Pädagogen sind insofern grundsätzlich hilfreich. Wir lernen nicht nur am Vorbild, sondern auch aus Erfahrung und insbesondere durch positive und negative Verstärker wie Lob oder Kritik. Berechtigte und angemessen vermittelte Kritik ist ein Vehikel des Fortschritts, denn ohne Kritik ist Lernen kaum möglich, nur wer weiß, was er (nicht) bewirkt hat, kann lernen, es zukünftig besser zu machen. Lernerfahrungen können allerdings schmerzlich sein, auch gutgemeinte Kritik wird daher oft als unberechtigter Tadel empfunden, deswegen haben Lehrerinnen bzw. Lehrer und Schülerinnen bzw. Schüler häufig Angst davor. Wenn Kritik nicht zur Belastung, sondern zur positiven Weiterentwicklung führen soll, sollten zunächst zwei Rahmenbedingungen erfüllt sein: Kritik muss getragen sein von einer Grundhaltung der Toleranz, die kleine Schwächen nachsieht, ohne sie zu dramatisieren. Kritik muss des Weiteren eingepasst sein in ein begründetes und transparentes Konzept, welches zur Kontrolle von Lernzielen oder zur Vermittlung von gesellschaftlich erwünschten Verhaltensweisen geeignet ist (vgl. Northoff, Kompetenzen der Arbeits- und Problembewältigung, Kapitel 3.6., 2012b).

Brauchen wir Abschlussnoten?

Auch zusammenfassende Rückmeldungen in größeren Abständen wie z.b. nach einem halben oder ganzen Jahr sind eine wichtige Information. Schule soll zwar Spaß machen, sie soll aber auch motivieren sich zu entwickeln und Leistungsergebnisse nachprüfbar vorhalten.

Die grundsätzliche Sinnhaftigkeit von Rückmeldungen bedeutet allerdings nicht notwendig, dass wir dafür die Form einer Schulnote wählen müssten. Dies gilt auch deswegen, weil bei inklusivem Unterricht und zieldifferentem Lernen eine einheitliche Benotung nach demselben Skalensystem problematisch wäre, da von Schülerinnen und Schülern mit besonderem Bedarf nicht dieselben Ergebnisse erwartet werden können.

Ziffernnoten als Abschlussnoten sind daher in der Gemeinschaftsschule zumindest für die ersten Jahre nicht zu empfehlen. Ziffernnoten werden häufig nicht als persönliche Rückmeldung, sondern zu Vergleichen und zur Herstellung einer Rangreihe genutzt. Die ist aber bei heterogenen Klassen nicht unproblematisch, weil die Unterschiede größer sein und die Noten damit eher demotivierend wirken können. Ein individuelles Notensystem könnte durchaus hilfreich sein, müsste sich dann aber nach einem subjektiv zugeschnittenen Bewertungsschlüssel richten. Angesichts der Vielfalt von Lernausgangslagen müsste es zahlreiche Ziffernmodelle geben, damit ist die Sinnhaftigkeit einer klaren Vergleichbarkeit aber nur schwer herzustellen.

Empfehlenswerter sind daher zumindest **in den ersten Jahren Verbalzeugnisse**. Sie sollten aussagekräftig unterscheiden, zumindest zwischen guten, mittelmäßigen und förderbedürftigen Leistungen, und könnten als Kompetenzbeschreibung formuliert sein. Sie haben durch ihre verbale Form zahlreiche Vorteile: Sie ermöglichen differenziertere Informationen zur Erreichung von Lernzielen (sachliche Bezugsnorm), eine stärkere Orientierung an der individuellen Bezugsnorm, eine genauere Darlegung des Förderbedarfs, der Schwächen,

Stärken und Perspektiven, eine Vermeidung von einfachen Etikettierungen und damit eine ganzheitliche Beurteilung, insbesondere, wenn sie nicht mit der Gefahr eines Sitzenbleibens oder der Exklusion verbunden sind. Gegen Ende der Gemeinschaftsschule (also z.B. in den Klassen 7 bis 10) könnten diese Entwicklungsberichte aber auch durch Ziffernnoten ergänzt und dann abgelöst werden. Soweit dies für Menschen mit besonderem Bedarf nicht angemessen wäre, kann man es bei einer „Kompetenzbeschreibung" belassen.

Machen Vergleichsnoten Sinn?

Von der obigen Frage nach Abschlussnoten zu unterscheiden ist die Frage, ob wir weitergehende Vergleichsnoten benötigen.

Der Vergleich von Noten ist grundsätzlich hilfreich, wenn er denn im Kontext einer konstruktiven Kritik erfolgt. Dies ist unbestritten hinsichtlich des individuellen Vergleichs, der den persönlichen Entwicklungsfortschritt kennzeichnet und Rückmeldung gibt, welche Fortschritte die Schülerinnen und Schüler gemacht haben. Auch der Vergleich mit anderen ist hilfreich. Kaum eine/r der Schülerinnen und Schüler wird zukünftig allein leben, gerade in einem hoch bevölkerten Land wie Deutschland ist die Bezugnahme auf die Gemeinschaft wichtig, auch dies ist Inklusion, wir sollten wissen, welches unsere Stärken und Schwächen auch im Vergleich zur übrigen Gesellschaft sind. Auch die jungen Menschen selbst interessiert dies, sie sind neugierig, mehr über sich selbst zu erfahren, Rückmeldungen formen ihr Selbstbild, diese sollten zwar empathisch, aber auch realistisch sein. Dabei kann es dann ein Gebot der Fairness sein, diesen Vergleich in Worten und nicht in Ziffern auszudrücken.

Ein besonderer Diskussionspunkt ist dabei die Frage, ob Vergleichsnoten über den Klassenverband hinaus auch regional oder national gegeben werden sollten. Diskutiert wird dies meist unter der Überschrift Zentralabitur, aber auch in den davor liegenden Jahren einer Gemeinschaftsschule kann es **regional oder national vergleichende** Tests oder sog. Vergleichsarbeiten geben, die von einem extern gesetzten Standard ausgehen (wie z.B. PISA). Zentrale Abiture sind nicht unproblematisch, haben aber insgesamt gesehen durchaus Vorteile, insbesondere zeigt ein Vergleich der Länder mit und ohne Zentralabitur, dass in den Ländern mit Zentralabitur die deutlich besseren PISA Punktzahlen erreicht werden (vgl. Wössmann 2007, 107). Wichtig ist dabei, dass der gelernte Stoff und der geprüfte Stoff nicht auseinanderfallen dürfen. Dies kann man erreichen, wenn die in einem bestimmten Zeitraum zu lesenden Bücher und zu bearbeitenden Themen klar und die Benotungskriterien deutlich sind. In einigen Bundesländern sind insofern Abi-Trainer üblich, die die Aufgaben der letzten Jahre mit Lösungen anbieten. Das führt allerdings zu einem zweiten **Problem**, dem „Pauken" anhand der Voraufgaben. In der Zeit des Internet ist das erfolgreiche Auswendiglernen zwar keine sonderlich zukunftsorientierte Qualifikation, gleichwohl ist es möglicherweise ein Grund für bessere Leistungen, denn gesichertes Wissen ist eben auch ein Teil eines ganzheitlichen Lernprozesses. Im Übrigen lassen sich zentrale Aufgaben allerdings auch anders stellen.

Die **Vorteile** von solchen Vergleichsarbeiten sind mindestens dreifach. Der einzelnen Schülerin oder dem Schüler helfen sie, sich selbst regional oder besser noch bundesweit einzuordnen, wer später einmal auch in einem anderen Bundesland studieren oder arbeiten möchte, kann auf einen solchen Vergleich nicht verzichten. Für die Lehrerinnen und Lehrer haben sie Vorteile, weil diese nicht mehr der böse Korrektor sind, der die Aufgabe stellt und später auch die Note festsetzt, sie werden jetzt zum Coach, der zusammen mit den Schülerinnen und Schülern darum kämpft, bestmöglich für die Prüfung vorbereitet zu sein, eine wunderbare Rolle, um den Paradigmenwechsel in der Gemeinschaftsschule hin zum Fördern zu verdeutlichen.

Schließlich ist die zentrale Vergleichsarbeit ein einfaches und klassisches Instrument der Evaluation für die Schule und ihre Lehrerinnen und Lehrer, diese erhalten eine Rückmeldung über ihre Arbeit und ihren Erfolg. Dabei wird man die **Vergleichsnoten aber auch bereinigen** müssen, je nachdem wie groß der Förderbedarf in der jeweiligen Klasse ist, hier müssten dann möglichst einfache Formeln entwickelt werden, die den Vergleich nicht zu stark verzerren (z.b. je mehr Förderbedarf, umso größer die Bereinigung). Denkbar ist es auch, wie in manchen anderen Ländern, z.b. den USA, mit solchen Rückmeldungen Nachbesserungen oder auch Bonuszahlungen für die Lehrerinnen und Lehrer an der jeweiligen Schule zu verknüpfen, um damit die Motivation der Lehrkräfte zu steigern.

Versetzung als Regelfall?!

Das **gegliederte Schulsystem** nutzt die Notengebung, manchmal auch Einstufungsprüfungen, und insbesondere auch das „Sitzenbleiben" einerseits zur Eingliederung ins System, andererseits aber auch zur Exklusion, „Problemfälle" werden weitergegeben, sie fallen aus dem System (Drop Out). Wer schlechte Noten hat, muss wiederholen, der Ruf des „Sitzenbleibers" bzw. der „Sitzenbleiberin" ist allerdings auch in der neuen Klasse nahe am Stigma, dass es nunmehr klappt, ist keineswegs sicher. Wer stark verhaltensauffällig ist, mit den Lehrerinnen und Lehrern nicht klar kommt, oder noch mal sitzen zu bleiben droht, versucht es mit einem Schulwechsel, in einigen Fällen ist dies hilfreich, häufig ist auch dies nur eine Zwischenstation. Nach zweimaligem Schulversagen in derselben Klasse, wird der junge Mensch ausgesteuert, besteht noch Schulpflicht, kommt es evtl. zum Einzelunterricht durch die Schulbehörde, aus Kostengründen geschieht dies meist nur kurzzeitig, nur selten führt dies zum baldigen Erfolg. Für die Übrigen folgt im günstigen Fall ein projektorientiertes Förderprogramm, mit produktivem Lernen, halb im Betrieb, halb in der Schule, für andere folgt nach dem Ende der Schulpflicht der Weg in die Arbeitslosigkeit und ins „Rumhartzen". Das gegliederte System führt zum sog. Net-Widening-Effect, schwierige junge Menschen werden abgeschoben, man kämpft nicht mehr bis zuletzt, und es folgt das School-Hopping, man wird von einer Schule zur nächsten weiter gereicht, bis keine Schule mehr aufnimmt.

Die Frage, die sich danach aufdrängt, lautet: **Nutzt es dem Schüler oder der Schülerin, den Schulen, der Wirtschaft oder der Gesellschaft**, wenn wir so die Entwicklung „schwieriger" junger Menschen organisieren? Was wäre eigentlich, wenn wir auf das Drop Out bis zum Ende der 10. Klasse oder sogar bis zum Abitur verzichten, niemand sitzenbleiben muss, über ein freiwilliges Wiederholen vernünftig nachgedacht wird und die natürlich auch bei einer Gemeinschaftsschule anfallenden Förderaufgaben gleich ins System integriert würden? Die OECD gibt uns in ihrer Auswertung von PISA 2009 dazu einen klaren Hinweis: In Schulsystemen, in denen es üblich ist, dass schwache oder innerlich zerrissene (disruptive) Schülerinnen und Schüler die Schule verlassen müssen, sind Leistungen wie auch Chancengerechtigkeit tendenziell niedriger (OECD, PISA 2009, Volume IV, 13, hier in gekürzter Übersetzung). Andere Länder wie Finnland oder die Republik Korea, bei denen es nur eine geringe bzw. praktisch keine Drop Out Quote gibt, beweisen es uns, die Welt würde nicht zusammenbrechen, und wenn noch zusätzlich eine hohe Leistungsmotivation besteht, kann man sogar PISA Spitzenreiter werden.

Wiederholung der Klasse?

Geht also Gemeinschaftsschule von der Regelversetzung aus, bleibt doch die Frage, ob nicht eine Wiederholung derselben Klasse Sinn machen kann. Die OECD stellt in ihrem Bericht zu PISA 2009 (a.a.O.) dazu fest, dass sich in Ländern, in denen mehr Schülerinnen und Schüler Klassen wiederholen, die sozioökonomischen Unterschiede stärker auf die Leistungen auswirken, wahrscheinlich, weil die Schülerinnen und Schüler mit einem niedrigeren sozioökonomischen Status weniger gut mit einer Wiederholung umgehen können. Das Wiederholen der Klasse scheint aber auch keine Garantie dafür zu sein, dass die Schulleistungen automatisch besser werden. Dies belegt eine Metaanalyse von Cortina u.a. (Cortina u.a. 2003, 314), die bei einem Vergleich von „Wiederholern" mit ähnlich leistungsschwachen „Vorrückern" zu dem Ergebnis kamen, dass die „Vorrücker" gleich oder besser abschnitten.

Offenbar sind **Motivationsdefizite oder Verhaltensauffälligkeiten** stärkere Faktoren als die Möglichkeit, ein Gebiet intellektuell noch einmal durchzuarbeiten. Es kommt daher vor allem darauf an, motivational Lern- und Lebensziele miteinander zu verknüpfen und den neu gewonnenen Schwung durch eine spezifische Förderung zu stützen. Mit dieser Förderung ließen sich bei „Wiederholern" gute Erfolge erreichen (a.a.O., 317), und es kann davon ausgegangen werden, dass dies auch bei „Vorrückern" so ist, Motivation und Förderung sind also die wichtigeren Faktoren.

Ein Wiederholen dürfte allerdings dann eventuell Sinn machen, wenn noch etwas Zeit erforderlich ist, um sich **entwicklungspsychologisch weiterzuentwickeln**, wenn also insbesondere körperlich oder geistig, evtl. auch psychisch mit einem Sprung zu rechnen ist, der die weiteren Lernprozesse erleichtern wird. Insofern erscheint ein Wiederholen vor allem dann angebracht, wenn psychologische Sachverständige es empfehlen, die Schülerin oder der Schüler es will, die Eltern und Lehrerinnen bzw. Lehrer dies genauso sehen und die Wiederholung, wie zuvor beschrieben, mit einer spezifischen Förderung verbunden ist.

Leistungsfördernde Feedback Kultur

Gemeinschaftsschule bedeutet nach dem bisher Gesagten also nicht, dass auf Rückmeldungen bei Tests oder Klassenarbeiten oder am Jahresende verzichtet werden muss, die Noten haben aber schon eine andere Funktion, sie dienen nicht der Selektion im System, sondern der Förderungsplanung. Damit diese Rückmeldungen weder zur unverbindlichen Spaßveranstaltung noch zur Stigmatisierung werden, sollten sie **lernpsychologischen Gesetzmäßigkeiten** folgen und in eine leistungs- und lernfördernde Feedback Kultur eingebettet sein (vgl. Northoff, Kompetenzen der Arbeits- und Problembewältigung, Kapitel 1.5. und 3.7., 2012b).

(1) Aus der Therapieforschung wissen wir, dass die sog. „Therapeutenvariable" etwa 20 bis 30% des Therapieerfolges ausmacht, ähnliches gilt für die Lehrerinnen und Lehrer, etwa ein Viertel der Note dürfte allein auf das Vertrauensverhältnis zum Lehrer bzw. zur Lehrerin zurückzuführen sein, Lehrerinnen und Lehrer, die begeistern und überzeugen können, sind ein wichtiger Lern- und Leistungsfaktor. (2) Dabei ist allerdings grenzenloser Stress wenig hilfreich, die besten Leistungen erreicht man beim optimalen Stresslevel, welches zwar fordert, aber nicht überfordert, dabei ist dann auf die individuellen Bedürfnisse einzugehen. (3) Weiter wichtig sind klare Aufgabenstellungen, klare Leistungsanforderungen und klare Beurtei-

lungskriterien, Lob oder Tadel sollten als gerecht empfunden werden und anhand der Begründung nachvollziehbar sein (vgl. auch Hubrig 2010, 120 ff., 161 ff.).

Grenzsetzung, Konfrontation, Wiedergutmachung und evtl. auch Bestrafung können bei gravierenden Verstößen und extremer Uneinsichtigkeit erforderlich sein, als Motivation ist Strafe aber nicht so effektiv, denn sie stört das Vertrauen zur Lehrkraft, sie führt immer wieder zum Widerstand und kann auch nur ein bestimmtes Verhalten unterdrücken, vermittelt aber nicht gleichzeitig die konstruktive Alternative. Besser ist es regelmäßig, **durch Belohnung** (evtl. auch den Entzug von Vergünstigungen) zu reagieren. Dabei wirken Belohnungen umso mehr, je mehr man sich angestrengt hat, je unmittelbarer der Bezug zur Leistung ist und je flexibler sie sind, ohne einen Gewohnheitseffekt herbeizuführen. Wichtig ist es auch, dass für eine eventuelle (schülerische) Kosten-Nutzen Kalkulation vermittelt werden kann, dass der Nutzen der Leistung überwiegt; das kann manchmal ein Problem sein, weil der Arbeitsaufwand in der Gegenwart liegt, der Nutzen des Wissens aber erst in der Zukunft deutlich wird, dann ist auch eine Vermittlung von Perspektiven eine Aufgabe.

Hubrig (a.a.O. 161 ff.) nennt einige wichtige *Glaubenssätze*, deren Vermittlung (hier geringfügig ergänzt) in einer Gemeinschaftsschule der Zukunft wichtig wäre, und die ein ziffernmäßiges Notensystem ersetzen könnten: *Ja, ich will lernen und ich kann lernen / auch kleine Schritte helfen, ich habe Geduld / niemand ist perfekt, auch ich darf Fehler machen / ich freue mich auf Rückmeldungen des Lehrers, Lob und Tadel bringen mich weiter / ich melde mich, wenn ich etwas nicht verstanden habe und ich traue mich zu fragen / sich helfen zu lassen ist ok, ich nehme Hilfe an / Lernen kann anstrengend sein, aber es macht auch Spaß / der Lehrer ist nicht mein (mich bestrafender) Gegner, er ist mein (mir helfender) Coach fürs Leben.*

5. Rahmenbedingungen für die Schule der Zukunft

Eine erfolgreiche Gemeinschaftsschule verlangt allerdings nicht nur einen professionellen Umgang mit dem gemeinsamen Lernen, sie benötigt auch günstige Rahmenbedingungen.

5.1. Kostenneutralität? Bildung im Kampf um Ressourcen

Hinter dieser Diskussion verbirgt sich meist die Frage nach der Finanzierbarkeit, die Zusammenhänge sind dann komplex. Ein hohes Pro-Kopf-Bruttoinlandsprodukt (BIP) sichert keineswegs automatisch gute PISA-Leistungen. In der Republik Korea, dem bei PISA 2009 am besten abschneidenden OECD Land, liegt das BIP unter dem OECD Durchschnitt, in Finnland und Deutschland bewegt es sich in etwa in der Mitte (OECD 2012).

Die Frage, ob denn zumindest bezogen auf das Pro-Kopf-Bruttoinlandsprodukt genug Geld für die Bildung ausgegeben wird, erhitzt ebenfalls seit jeher die Gemüter. Auf einem abstrakten Niveau ist die Synthese schnell gefunden: Jeder in Bildung investierte Euro, ist ein Euro für die Zukunft, wie auch immer sich unsere Welt entwickeln wird, Bildung ist der wohl sicherste Garant für Erfolg und Frieden. Schwieriger wird es allerdings, wenn in Zeiten hoher Schulden Bildung konkret finanziert werden muss.

Die äußeren Rahmenbedingungen

Die Rufe der 1968er Generation in der Bundesrepublik: *Runter mit der Rüstung – Rauf mit der Bildung* und *1 Starfighter = 1 Schule* sind weitgehend verhallt, nicht nur, weil die Bundeswehr deutlich abgerüstet hat, sondern auch deswegen, weil Bildung **Ländersache** ist und nicht mit Ausgaben des Bundes gegengerechnet werden kann. Seriöse Überlegungen müssten daher klarstellen, welche anderen Positionen im Landeshaushalt heruntergefahren werden sollten, da sind die Möglichkeiten dann deutlich begrenzt.

Erschwert wird diese Diskussion durch die Aufgabe der Zurückführung der **Schulden**. Das Worst Case Scenario und seine möglichen Auswirkungen sind durch die Situation in Griechenland deutlich geworden. Und auch praktische Überlegungen legen eine verantwortliche Schuldenpolitik nahe, selbst bei einem ausgeglichenen Haushalt bedeuten Schulden in Höhe von z.B. 10 Milliarden Euro bei einer Verzinsung von nur 1% einen Schuldendienst von 100 Millionen Euro, also einen Betrag, der, stände er jährlich zur Verfügung, für ein kleineres Land eine erste Basis einer Bildungsreform wäre.

Der Vorschlag, die sog. **Demographie Rendite**, also den Betrag, der durch den Rückgang der Schülerzahlen insbesondere in den neuen Bundesländern nach der Wende eingespart werden kann, im System zu belassen und für die Reformen bereit zu stellen (so die Autoren der Prognos AG 2006: Demographie als Chance), hat insofern großen Charme, weil dadurch nicht in andere Haushaltstitel eingegriffen werden muss, auch wenn einzuräumen ist, dass die Rückgänge örtlich und zeitlich unterschiedlich sind und auch durch geringere Steuereinnahmen begleitet werden.

Unzureichende Bildung hat im Übrigen erhebliche Folgekosten für die öffentlichen Haushalte. Folgt man den Berechnungen von Allmendinger u.a., die dazu im Auftrag der

Bertelsmann Stiftung eine Studie durchgeführt haben, so betragen die anhand der entgangenen Lohnsteuer, der entgangenen Beiträge zur Arbeitslosenversicherung, des auszuzahlenden Arbeitslosengeldes I und der auszuzahlenden Sozialleistungen errechneten Folgekosten für jeden jungen Menschen, der sein Erwerbsleben ohne Ausbildungsabschluss beginnt, pro Jahr rund 10.000 €, bei 150.000 Jugendlichen sind das jährlich 1,5 Milliarden €. Dabei sind Folgekosten in den Bereichen Konsum, Gesundheit und Renten noch nicht einmal berücksichtigt. Nach ihren Überlegungen könnten für jeden Menschen ohne Ausbildungsabschluss in heutigem Gegenwartswert rund 22.000 € investiert werden, ohne dass bei den öffentlichen Haushalten zusätzliche Kosten entstehen würden (Allmendinger u.a. 2011).

Kostenvergleich des finnischen und des deutschen Schulsystems

Die bisherigen Erwägungen beschreiben allerdings nur den äußeren Rahmen, den ein/e gesamtgesellschaftlich denkende/r Politiker/in zu beachten hat. Damit ist allerdings noch nicht die Frage beantwortet, ob denn aus **fachlich inhaltlichen** Gesichtspunkten eine Kostenneutralität überhaupt möglich ist.

Eine Veröffentlichung der SPD Landtagsfraktion aus dem Jahre 2005 mit dem Thema *Gute Schule – mehr Chancen* (SPD-Landtagsfraktion Mecklenburg-Vorpommern 2005, 23 ff.) gibt dazu erste Aufschlüsse. In einer **kleinen Untersuchung** wurden die Bildungsausgaben in Finnland (als PISA Spitzenreiter, mit einem Gemeinschaftsschulsystem) und Deutschland (PISA Mittelmaß mit einem zergliederten Schulsystem) verglichen. Es zeigte sich, dass nach Erhebungen der OECD aus dem Jahre 2004 der **finanzielle Aufwand für den schulischen Bereich in etwa gleich groß war**. In Finnland wurde auch nicht etwa länger unterrichtet, die Erhebungen der OECD aus dem Jahre 2004 zeigten vielmehr, dass deutsche Schülerinnen und Schüler in der Sekundarstufe abhängig vom Alter (grundsätzlich) zwischen 5 bis 18% mehr Unterricht erhielten, eine Gemeinschaftsschule verlangt also nicht etwa eine noch längere Unterrichtszeit. Gleichwohl ließen sich **bei differenzierter Betrachtung auch Unterschiede** feststellen. Zwei Umstände fielen dabei besonders auf. Zunächst zeigte sich bei den Erhebungen der OECD aus dem Jahre 2004, dass das Betreuungsverhältnis in Finnland günstiger ist; während in Deutschland in der gesamten Sekundarstufe 15,1 Schülerinnen und Schüler auf eine Lehrkraft entfielen, waren es in Finnland nur 13,4 Schülerinnen und Schüler. Dies wurde insbesondere dadurch finanziert, dass in Finnland um etwa 20% niedrigere Lehrergehälter als in Deutschland gezahlt wurden. Und noch etwas fiel auf, die Ausgaben waren in Finnland besonders hoch in der Sekundarstufe I (Klassen 5 bis 9/10) und deutlich geringer in der Sekundarstufe II (Klassen 9/10 bis 12/13). Finnland investiert also vor allem in die jüngeren Schülerinnen und Schüler und man wird annehmen können, dass damit auch eine größere Gewichtung der pädagogischen Interventionen im Vergleich zu den puren Wissensvermittlungen verbunden ist (a.a.O.).

Neuere Zahlen aus dem vom statistischen Bundesamt Wiesbaden herausgegebenen **Bildungsfinanzbericht 2011** (Statistisches Bundesamt 2011) vergleichen die international definierten OECD Bildungsindikatoren (diese weichen von der nationalen Systematik etwas ab) und lassen ebenfalls vermuten, dass eine leistungsfähige Gemeinschaftsschule nicht teurer sein muss als eine zergliederte Schule (auch wenn natürlich im einzelnen Kaufkraftunterschiede zu beachten sind). So betrugen die auf der Basis von OECD Erhebungen errechneten jährlichen Ausgaben für Bildungseinrichtungen **je Schüler/-in für den Sekundarbereich** insgesamt in Deutschland 8.606 US $ und in Finnland 8.659 US $, in der Republik Korea beliefen sie sich auf nur 7.931 US $, bei einem OECD Durchschnitt von 8.972 US $ (a.a.O. Tabelle 5.1.1-1). Umgerechnet in € beliefen sich die Ausgaben in Deutschland im Durchschnitt auf etwa 7.000 €, wobei die Ausgaben in den Ländern mit guten PISA Ergebnissen wie Sachsen (7.700 €) und Bayern (7.600 €) deutlich über dem Durchschnitt, in Mecklenburg-Vorpommern mit (7.100 €) im Mittelfeld und in Nordrhein-Westfalen (6.300 €) unter dem Durchschnitt lagen (Tabelle 5.1.2-1).

Ein etwas anderes Bild zeigt sich allerdings, wenn man die öffentlichen Ausgaben für **Bildung in Relation zum Bruttoinlandsprodukt** sieht. Bezogen auf die OECD Daten aus dem Jahre 2008 für den „primar-, sekundar- und post-sekundaren, nicht tertiären Bereich" gab Deutschland nur 2,8% des BIP für Bildung aus, Finnland aber 3,9% und die Republik Korea immerhin noch 3,4%, bei einem OECD Durchschnitt von 3,6% (Tabelle 5.3.1-1). In Deutschland war der Anteil im Jahre 2008 in Mecklenburg-Vorpommern mit 3,6% am höchsten, in Sachsen lag er mit 3,2% über und in Bayern mit 2,6% unter dem Durchschnitt und in Bremen war der Anteil am BIP mit 2,1% am niedrigsten (a.a.O. Tabelle 5.3.2-1). Es scheint so, als ob international gesehen der schulischen Bildung bei den PISA Spitzenreitern eine relativ größere Bedeutung zukommt. National gesehen dürften aber auch die Schuldenlagen der Länder und die Kosten des Systemumbaus nach der Wende in den östlichen Bundesländern eine Rolle spielen.

Kosten der Gemeinschaftsschule

Wie jede Reform würde auch die Umstellung auf eine Gemeinschaftsschule **zeitlich befristet** einen erhöhten Aufwand bedeuten. So wie die inklusive Unterrichtung z.B. Aufwendungen für einen barrierefreien Zugang zur Schule erforderlich machen kann, so wird gemeinsamer (wie auch inklusiver) Unterricht z.B. Aufwendungen für die Fortbildungen der Lehrerinnen und Lehrer verlangen. Dieser Aufwand muss mit zeitlich begrenzter finanzieller Unterstützung aus dem Haushalt aufgefangen werden, der zu erwartende Nutzen für die Bildungsqualität rechtfertigt dies.

Inwieweit der Haushalt **nachhaltig** stärker durch Bildungsausgaben belastet werden muss, lässt sich pauschal nur schwer beantworten, weil die Ausgangslagen und Kostenparameter unterschiedlich sein können. Wahrscheinlich ist es aber eine insgesamt weise Leitlinie, dauerhafte Kosten möglichst so einzusetzen, dass sie sich möglichst zielgerichtet auf eine verbesserte Förderung der jungen Menschen und nicht so sehr auf den Neubau von Räumlichkeiten ausrichten. Gemeinschaftsschule benötigt allerdings **Ganztagsschulen**, soweit diese noch nicht bestehen, können Kosten anfallen, weil die Schülerinnen und Schüler sich eine längere Zeit in der Schule aufhalten und insbesondere dort auch mittags versorgt und zwischendurch betreut werden müssen. Natürlich würde Gemeinschaftsschule auch Änderungen bedeuten, es könnten z.B. Räume für die Schulsozialarbeiterin erforderlich werden, Rückzugsräume für Schülerinnen und Schüler mit einem entsprechenden Bedarf, Räume für Hausarbeiten-Betreuungen, doch sollten sich diese Anforderungen bei etwas Kreativität auch durch Anpassungsmaßnahmen erreichen lassen, zumal es hier eine hohe Synergie zu den für den inklusiven Unterricht ohnehin erforderlichen Maßnahmen gibt.

Natürlich wäre ein besserer **Lehrkraft-Schüler/in-Schlüssel** hilfreich. Durch die weitgehende Auflösung der Förderschulen werden voraussichtlich Förderschullehrerinnen und -lehrer zur Verfügung stehen, die dann vor Ort in den einzelnen Schulen unterrichten können. Sie sollten aber auch angesichts ihrer Ausbildung vor allem für die Inklusion eingesetzt werden und dürften insofern den übrigen Schülerinnen und Schülern einer Gemeinschaftsschule nur mittelbar zu Gute kommen. Mit einer darüber hinausgehenden Verbesserung des Schlüssels wären allerdings erhebliche dauerhafte Kosten verbunden.

Wie oben dargelegt, löst Finnland das Problem durch niedrigere Gehälter, ein solcher Ansatz kann aber für Deutschland nicht empfohlen werden. Zum einen herrscht, insbesondere auch in den neuen Bundesländern, ein Mangel an Lehrerinnen und Lehrern, die Bildungsministerien sind gut beraten, junge Menschen für diesen Beruf besonders zu motivieren. Dies gilt erst recht bei einer Umstellung auf eine Gemeinschaftsschule, dann sind gerade junge und engagierte Lehrerinnen und Lehrer erforderlich, und diese sollten nicht durch eine Herabsenkung des Gehalts bestraft werden. Auch ist es ein Gebot der Fairness, endlich die Unterschiede zwischen Ost- und Westgehältern, die manchmal auch an derselben Schule bestehen können, auszugleichen. Für eine gute Bezahlung der Lehrerinnen und Lehrer sprechen im Übrigen die Ergebnisse von PISA 2009. PISA zeigte nämlich, dass bessere Schülerleistungen weniger mit kleineren Klassen als vor allem mit höheren **Gehältern** für Lehrerinnen und Lehrer einhergehen. Die Verbesserung der Lehrerausbildung und der Ausbildungsqualität ist also gegenüber kleineren Klassen offenbar der effektivere Weg (OECD, PISA 2009, Volume IV, 2010, 14).

Daneben fragt sich, inwieweit den Lehrerinnen und Lehrern in anderer Weise geholfen werden kann. Ein Weg dürfte eine geänderte **Ausbildung** der Lehrerinnen und Lehrer sein, mit erhöhten Pädagogikanteilen und nicht nach Schultypen, sondern nach Altersgruppen unterschieden, verbunden mit einer Aufwertung der Ausbildung in den ersten Jahren der Sekundarstufe wie in Finnland (dazu weiter unten mehr).

Ein weiterer Weg könnte die Umstrukturierung der bisherigen Förderschulen zu allgemeinen und vor allem ambulant arbeitenden **Beratungs- und Förderzentren** und die Neuausrichtung der Förderlehrerinnen und Förderlehrer sein. Die Förderschulen müssten ihren Auftrag weiter fassen und nicht nur spezifisch auf Menschen mit besonderem Bedarf beziehen und die Förderlehrerinnen und Förderlehrer würden dann auch für solche Schülerinnen und Schüler Fördervorschläge unterbreiten, die zwar einen Förderbedarf haben, aber nicht notwendig an einer Behinderung leiden.

Wichtig dürfte auch eine flächendeckende Verfügbarkeit von **Schulsozialarbeiterinnen** und -sozialarbeitern (oder evtl. auch Schulpsychologinnen und -psychologen) sein, möglichst so, dass sie an jeder Schule, erforderlichenfalls auch mit mehreren Personen vertreten sind. Diese Erkenntnis hat sich schon in der Vergangenheit durchgesetzt, Länder wie Mecklenburg-Vorpommern finanzieren ihre Schulsozialarbeiter teilweise über EU-Fördermittel (ESF); Schulsozialarbeiter/innen sind aber bei inklusivem Unterricht und erst recht bei einer Gemeinschaftsschule dauerhaft unverzichtbar. Die Verstetigung der Finanzierung sollte frühzeitig in die Haushaltüberlegungen mit einbezogen werden, soweit die Schulen die Trägerschaft übernehmen, wird das Bildungsministerium gefragt sein, es wäre aber wohl auch nicht unredlich mit den Kommunen darüber zu diskutieren, inwieweit sie durch eine größere Zahl von Ganztagsschulen und eine verstärkte Schulsozialarbeit auch finanziell entlastet werden (z.B. Kostenteilung 50:50).

Noch eine weitere Entlastung der Lehrerinnen und Lehrer wäre wichtig, die Einführung von **Schulassistentinnen** und -assistenten. Sie sind als Integrationshelferinnen und -helfer (so Klemm & Preuss-Lausitz 2011, 121; manchmal auch bezeichnet als Schulbegleiter/in) wahrscheinlich unabdingbar für inklusiven Unterricht. Soweit sie für Menschen mit besonderem Bedarf arbeiten, sollte ihre Finanzierung über deren sozialrechtliche Ansprüche (u.a. Eingliederungshilfe nach den §§ 35a SGB VIII, 54 SGB XII) möglich sein, aber auch bei der Förderung von Schülerinnen und Schüler ohne Behinderung wird eine Förderung über die §§ 27 ff. SGB VIII zu prüfen sein. In einer stärker pädagogisch und fördernd ausgerichteten Gemeinschaftsschule könnten Schulassistent/inn/en aber auch zur Unterstützung für Lehrerinnen und Lehrer eingestellt werden und zu einer Entlastung beitragen. Ihre Vergütung kann niedriger als die der meisten anderen Netzwerkbeteiligten ausfallen, da sie vor allem als Helfer und Unterstützer gefragt sind.

Welche Kosten nun genau durch eine solche Systemumstellung anfallen würden, lässt sich angesichts der dafür notwendigen unsicheren Hochrechnungen und der erheblichen Länderunterschiede nur schwer errechnen. In Diskussionen hört man unter Bezugnahme auf Klemm & Preuss-Lausitz 2011 immer wieder die Annahme, dass ein inklusives Schulsystem eine längerfristige Erhöhung des Bildungshaushalts um etwa 2% erforderlich machen würde, damit dürfte auch bereits die **Basis für eine Gemeinschaftsschule** gelegt sein. Klemm & Preuss-Lausitz (2011, 110 ff.) errechnen jedenfalls in ihrer Annäherung an eine Abschätzung erforderlicher Ausgaben in einer Variante 2 für Nordrhein-Westfalen, dass die durch den Rückgang der Schülerzahlen freiwerdenden Lehrerstellen, die sog. demographische Rendite, ausreichen sollte, um die für die Reform notwendigen Lehrerinnen- und Lehrerstellen abzudecken. Gemeinschaftsschule würde allerdings weitere Veränderungen wie mehr Gesamtschulen und zumindest auch noch eine flächendeckende Versorgung mit Schulsozialarbeiterinnen und -sozialarbeitern benötigen, was dann weitere Kosten verursachen wird.

Hier haben dann die **Politikerinnen und Politiker die Entscheidung** darüber zu treffen, wie viel ihnen die Ausbildung jeder einzelnen Mitbürgerin und jedes Mitbürgers wert ist. Insofern dürften sich Zuweisungen in Form der auf Kriterien basierenden Grundausstattung (Through-Put-Verfahren) empfehlen, da sie im Vergleich zu diagnoseabhängigen Zuweisungen (In-Put-Verfahren) und zu an Schulleistungen orientierten Zuweisungen (Out-Put-Verfahren) ein schnelleres und insbesondere flexibleres Intervenieren ermöglichen.

5.2. Gesamtschule und Gymnasium als Gemeinschaftsschule

Die deutsche Grundschule ist, insbesondere wenn sie inklusiv, also unter Einschluss von Menschen mit besonderem Bedarf umgesetzt wird, eine echte Gemeinschaftsschule. Erst nach der 4. Klasse erfolgen die vertikalen Aufteilungen in Hauptschule, Realschule und Gymnasium und evtl. weitere Formen.

Nach den hier dargestellten Überlegungen sollte in der Folgezeit, konkret bis zur 10. Klasse, die Schule weiterhin als Gemeinschaftsschule geführt werden. Nach der 8. Klasse könnte allerdings eine Binnendifferenzierung nach Berufsvorbereitung und nach Abiturvorbereitung erfolgen, bei der inhaltlich und leistungsmäßig Unterschiede möglich sein sollten. Der gemeinsame Unterricht sollte, typischerweise in einer Ganztagsschule, deren Parameter im Einzelnen diskutiert werden können, erfolgen, zu dieser Schule sollte jeder Zugang haben, die Versetzung ist bis zur 10. Klasse der Regelfall. Offen sind damit aber weitere Fragen, nämlich, ob sie zentral oder dezentral und ggf. auch in einer Gesamtschule oder einem Gymnasium organisiert werden kann.

Zentrale oder dezentrale Gemeinschaftsschule

Grundsätzlich sind verschiedene Optionen möglich, die Gemeinschaftsschule kann durchgehend wohnortnah, oder teilweise wohnortnah und dann dezentral erfolgen. Dabei dürften vor allem drei Aspekte wichtig sein, der Reiseaufwand für unsere jungen Mitbürgerinnen und Mitbürger, die Auflösung des Klassenverbundes und die Fachlehrerunterrichtung; hinzu kommt noch die vorhandene Gebäudestruktur, die im nächsten Kapitel anzusprechen sein wird.

Weitgehend unbestritten ist, dass die **ersten vier Klassen dezentral** vor allem nach dem Klassenlehrerprinzip unterrichtet werden sollten. Kinder benötigen im Alter von 6 oder 7 Jahren kurze Schulwege, erst recht, wenn wir uns die Kosten für Schulbusse sparen wollen. In abgelegenen Regionen muss es auch möglich sein, mehrere Altersstufen gemeinsam zu unterrichten. Spezielle Fachlehrkräfte sind eher die Ausnahme, allerdings setzt inklusive Unterrichtung die Möglichkeit voraus, für speziellen Förderbedarf auch auf ein helfendes Netzwerk zurückgreifen zu können (dazu unten mehr).

Auch wenn es im vielfältigen deutschen Schulsystem einige kooperative Gesamtschulen gibt, die eine fortlaufende Ausbildung von der 1. Klasse bis zum Abitur anbieten, wird man doch festhalten können, dass nach der Grundschule traditionell der **Wechsel in eine andere, zentraler gelegene Schuleinrichtung** erfolgt. In einer zukünftigen Gemeinschaftsschule, kann die Schülerin/ der Schüler dort bis zum Schulabschluss verbleiben, ein weiterer Wechsel ist für den Normalfall nicht vorgesehen. In der Praxis dürften sich die Klassen relativ vollständig in die nächste Gemeinschaftsschule oder eine (inhaltlich spezialisierte) andere Gemeinschaftsschule bewegen, so dass der Klassenverbund überwiegend erhalten bleiben dürfte.

Die Einordnung in ein zentraleres und insbesondere größeres Schulverbundsystem ermöglicht so etwa ab der 5. oder 6. Klasse ein zunehmend differenzierteres Fachlehrersystem, welches einen höheren fachlichen Standard sichert. Grundlegend ist zwar zunächst die sorgsame Binnendifferenzierung innerhalb derselben Klasse, doch sollte **in den Klassen 9 und 10 auch nach berufsvorbereitenden und abiturvorbereitenden Richtungen differenziert** werden. Damit wird dreierlei erreicht: Zunächst wird behutsam von der Gemeinschaftsschule auf ein stärker nach Leistung selegierendes System vorbereitet, Schule nimmt ihre Allokationsfunktion war. Auch kann eine passgenaue Berufsvorbereitung erfolgen, die die Erwartungen der Wirtschaft mit einbezieht und die Berufsreife sichert. Schließlich kann für diejenigen, die den Weg zum Abitur gehen wollen, in einem auch nach Leistung organisierten Kursystem eine anspruchsvolle Abiturvorbereitung gewährleistet werden. Ein solches Vorgehen dürfte jedenfalls in den östlichen Bundesländern großen Zuspruch finden; dafür spricht jedenfalls eine von der Friedrich Ebert Stiftung, Landesbüro Thüringen, veranlasste Befragung (n=1024) in Thüringen, wonach 53,5% der Befragten ein gemeinsames Lernen bis zur 8. Klasse vorschlagen und weitere 12,5 % das längere gemeinsame Lernen bis zur 10. Klasse wünschen (Friederich Ebert Stiftung, Landesbüro Thüringen, 2010, 21).

Der Weg der Hauptschulen, Realschulen, Regionalschulen und vergleichbarer Schulen

Die internationale Entwicklung zeigt, dass gerade die PISA Spitzenreiter ihre Schülerinnen und Schüler ganz überwiegend, bzw., wie in der Republik Korea, nahezu vollständig, zur Studienreife (Abitur) führen. Die Vermittlung von Wissen und Kompetenzen braucht ihre Zeit, bestmögliche Schule sichert Zukunft.

Hauptschulen mit einem Schulabschluss nach der 9. Klasse sind insofern ein Anachronismus, auch wenn in Deutschland das duale Schulsystem einen Teil der Problematik auffangen kann. Die Kritik der Wirtschaft, dass zahlreiche Schülerinnen und Schüler nicht über eine hinreichende Berufsreife verfügen, trifft vor allem Hauptschülerinnen und Hauptschüler, will man Hilfssysteme wie z.b. Berufsvorbereitungsjahre in das Schulsystem integrieren, erscheint eine schulische Bildung mindestens bis zur 10. Klasse nicht nur sinnvoll, sondern auch geboten. Manche Länder wie Mecklenburg-Vorpommern haben die räumliche Trennung der Hauptschulen schon abgeschafft, es gibt nur noch Regionalschulen. Soweit dies rechtlich möglich ist, sollte auch der Hauptschulabschluss nach der 9. Klasse entfallen und der Abschluss nach der 10. Klasse zum frühesten Abschluss werden. Zwar ist grundsätzlich für Schülerinnen und Schüler mit Lernschwierigkeiten Flexibilität hilfreich, so dass im herkömmlichen System ein solcher Abschluss insofern sinnvoll sein kann als er verhindert, dass noch mehr Schülerinnen und Schüler die Schule ohne Abschluss verlassen. In einer Gemeinschaftsschule ohne „Sitzenbleiber" würde ein weiteres Schuljahr aber auch bei Schulproblemen nicht zur „Aussteuerung" aus dem System, sondern nur noch zu verstärkten Förder- und Hilfeanstrengungen, evtl. mit Förderzentren und der Kinder- und Jugendhilfe führen, die Gemeinschaftsschule würde also das übernehmen, was ansonsten bei der außerschulischen Unterrichtung erfolgen müsste, hier bietet es sich auch an, Ressourcen in der Gemeinschaftsschule zusammenzuführen.

Schulen mit dem Abschluss der Mittleren Reife (Realschulen, Regionalschulen oder wie sie sonst heißen mögen) sollten sich bei einer Schulreform zu Gesamtschulen entwickeln. Andernfalls bestände die Gefahr, dass sie sich in der gesellschaftlichen Wahrnehmung zum Hort der Übriggebliebenen, Hort der Leistungsschwachen, kurz zur „Restschule" entwickeln. Im System der Gemeinschaftsschule sollten sie in den Gesamtschulen aufgehen und wären nur ein Zwischenschritt, entweder zur dualen Berufsausbildung oder zum Abitur. Natürlich wäre es auch denkbar, sie zur Basis von 10-jährigen dezentralen Gemeinschaftsschulen umzuwandeln, so dass die Schülerinnen und Schüler die Schule von der 1. bis zur 10. Klasse überhaupt nicht wechseln müssen. Damit wären aber wohl erhebliche Kosten für Baumaßnahmen erforderlich, dezentrale Grundschulen würden hingegen leergezogen. Vor allem aber ist die Einführung der Gemeinschaftsschule (und nach den Erfahrungen in Ländern wie Finnland oder der Republik Korea wohl auch berechtigt) mit der Erwartung verbunden, dass die Anzahl der Schülerinnen und Schüler mit einer Studienreife deutlich ansteigt. Wir benötigen also vor allem **mehr Schulen, die *nach* der mittleren Reife zur Verfügung stehen** und wie Gesamtschulen auf die Fachhochschulreife und die allgemeine Hochschulreife vorbereiten. Je nach den Gegebenheiten (räumlich, demographisch, regional) kann die Entwicklung der Realschulen zur Gesamtschule zunächst kooperativ, evtl. aber auch durch eine Aufstockung erreicht werden.

Die Gesamtschule als Hort der Gemeinschaftsschule

In Deutschland gibt es inzwischen eine Reihe von Gesamtschulen, die meist mit der 5. Klasse beginnen und den **Hauptschulabschluss, den Realschulabschluss und das Abitur in derselben Schule** ermöglichen. Unter strukturellen Gesichtspunkten ist eine solche Gesamtschule ein möglicher Hort einer Gemeinschaftsschule. Die Schule sollte von der Größe so sein, dass sie einerseits mehrere, z.b. 3 Parallelklassen ermöglicht, um unvermeidbare Zuordnungen, spätere Kurssysteme und Vertretungen zu erleichtern, sie sollte aber nicht so groß sein, dass sich das Lehrerkollegium nicht mehr persönlich kennt, wobei natürlich auch lokale Möglichkeiten und Grenzen zu beachten sind.

Auch hinsichtlich der Gesamtschulen besteht gelegentlich die Sorge, dass sich dort eher die Leistungsschwächeren wieder finden. Dass das nicht im Einzelfall so sein muss, zeigt sich schon daran, dass Schülerinnen und Schüler von Gesamtschulen bei Leistungswettbewerben, insbesondere auch Projekten, ebenfalls gute und sehr gute Ergebnisse erreichen können, der entsprechende „Ruf" der Gesamtschule basiert daher auch eher auf der Differenz zum Gymnasium, welches die scheinbar Besten abschöpft und die Verbleibenden auf die Gesamtschule verweist. Da in einem System der Gemeinschaftsschule Schullaufbahnempfehlungen und frühe Selektionen entfallen, sollte sich dieses Verteilungsproblem allerdings deutlich entschärfen.

Um auch die oben unter 1.2. beschriebenen selegierenden Faktoren der Elternwahl zu begrenzen, könnte man überlegen, per Gesetz Eltern an ihren Wohnorten auch die weiterführende **Schule so zuzuweisen**, dass eine gesunde Mischung entsteht. In der Folge würde es dann die Aufgabe selbstständiger Schulen, im Interesse wirksamer Pädagogik die Anzahl von Kindern mit besonderem Bedarf oder z.b. mit muttersprachlichen Problemen in den einzelnen Klassen durch vernünftige Zuordnungen zu organisieren. Die gesetzmäßige Zuweisung an eine bestimmte Schule dürfte aber in Deutschland nicht so einfach eine parlamentarische Mehrheit finden, da auch damit gerechnet werden muss, dass, wie teilweise im Ausland zu beobachten, die vermögenderen Eltern dann ihre Kinder auf (grundgesetzlich garantierte) Privatschulen schicken, die schon durch die Schulkosten ihrerseits eine soziale Schichtung erzeugen. Wahrscheinlich wird es insofern sinnvoller sein, alle weiterführenden Schulen an dieselben Lehrpläne der Gemeinschaftsschule zu binden und die Gesamtschulen qualitativ so zu gestalten, dass sie gleichermaßen attraktiv sind (dazu mehr unten).

Das Gymnasium als Gemeinschaftsschule

Damit stellt sich die Frage, wie unsere Gymnasien in ein System der Gemeinschaftsschule eingeordnet werden können. Radikalere Forderungen gehen dahin, das **Gymnasium in der bisherigen Form** abzuschaffen und auf eine zwei- oder vierjährige Hinführung auf das Abitur zu verkürzen. Die „Abschaffung" des Gymnasiums ist für die große Mehrzahl der deutschen Leistungselite allerdings eine „No go!" Überlegung, schon der Gedanke daran bringt den Diskutanten in die Ecke mit den Schmuddelkindern. Der Weg durch die Gesamtschule und mehr noch der Umweg über die Abendschule bringen zwar Respekt, aber sie erscheinen nicht als der Königsweg zum Erfolg. Das dürfte nicht nur daran liegen, dass die Führungselite häufig genug auch selbst das Gymnasium durchlaufen hat, das Gymnasium ist eine historische Einrichtung.

Der Begriff **Gymnasium stammt aus** dem Griechischen und bezeichnete dort einen Ort der körperlichen und geistigen Ertüchtigung. Im Mittelalter wurde der Begriff im Zusammenhang mit Klosterschulen und Stadtschulen benutzt, die Ausweitung des staatlichen Einflusses auf die Bildung im Rahmen der Aufklärung erweiterte auch den Fächerkanon in Richtung auf moderne Fremdsprachen und Naturwissenschaften, das Gymnasium wurde diejenige Schule, die den Zugang zum Studium ermöglicht. Die – insbesondere seit dem 19. Jahrhundert – neuzeitliche Wiederbelebung des Begriffes als höhere Knabenschule (im Unterschied zum Lyzeum als höhere Mädchenschule) erfolgte vor allem im deutschsprachigen Raum, im angelsächsischen Bildungssystem ist der Begriff Gymnasium unüblich. Nach dem 2. Weltkrieg forderten alle 4 Alliierten gemeinsam in der Direktive Nr. 54 von 1947 den Aufbau eines gesamtschulartigen Schulsystems, in welchem für das traditionelle Gymnasium kein Platz mehr gewesen wäre. In der DDR wurde dem entsprechend 1959 die polytechnische Oberschule eingeführt, auf sie folgte ab 1983 die zweijährige Erweiterte Oberschule, in der Bundesrepublik behielt das Gymnasium aber seine herausragende Bildungsrolle. Nach der deutschen Wiedervereinigung kam es auch in den neuen Bundesländern zur Wiedereinführung des Gymnasiums. Heute werden in etwa 3.000 Gymnasien etwa 2,5 Millionen Schülerinnen und Schüler von etwa 180.000 Lehrerinnen und Lehrern unterrichtet. Das herkömmliche humanistische Gymnasium ist durch neusprachliche und mathematische und naturwissenschaftliche Gymnasien ergänzt worden, spezielle Profile finden sich z.B. in beruflichen Gymnasien wie Wirtschaftsgymnasien oder musischen Gymnasien oder Sportgymnasien. Sie alle führen im Rahmen der europäischen Harmonisierung zunehmend nach 12 Jahren, manchmal aber auch erst nach 13 Jahren zum Abitur und damit zur Hochschulreife.

Quellen: Zur Geschichte vgl. Keym 1999, 1 ff.; zur Direktive 1947 vgl. URL 10; zur gegenwärtigen Situation vgl. destatis 2012, URL 11.

Eine solche **über Jahrhunderte gewachsene**, durch viele Leistungsträger mit Leben erfüllte und auch heute noch durch Millionen Schülerinnen und Schüler besuchte Einrichtung werden nicht nur konservativ bewahrende, sondern vor allem auch selbst durch das Gymnasium sozialisierte Kräfte nicht leichten Herzens abschaffen, die Widerstände wären vermutlich so groß, dass eine Bildungsreform insgesamt stark gefährdet würde. Und so stellt sich die Frage, ob die „Abschaffung" des Gymnasiums überhaupt erforderlich ist. Immerhin hat das Gymnasium in seiner langen Geschichte seine Anpassungsfähigkeit vielfach unter Beweis gestellt, zunächst bei seiner neuzeitlichen Öffnung von religiösen Schwerpunkten zu einem weltlichen Fächerkanon, dann vor allem in der Zeit nach dem letzten Weltkrieg von der Knabenschule zum gemeinsamen Unterricht mit Mädchen und zuletzt von der humanistischen Grundausbildung zu differenzierenden modernen Profilen (vgl. zum Leistungserfolg der Mädchen z.B. die Daten des Aktionsrates Bildung im Jahresgutachten 2009, herausgegeben von der Vereinigung der Bayerischen Wirtschaft e.V.).

Diese **erfolgreichen Anpassungsleistungen** machen Mut für eine erneute Aufgabe, die Wandlung des Gymnasiums zur Gemeinschaftsschule bis zur 10. Klasse. Diese Entwicklung ist im Übrigen bei nicht wenigen Gymnasien mit neuem Profil, wie z.B. dem Sportgymnasium Neubrandenburg, dadurch vorbereitet, dass es dort auch möglich ist, den Realschulabschluss anzusteuern. Parallelklassen mit Zusatzbezeichnungen wie G oder R stellen zwar noch nicht wirklich eine Gemeinschaftsschule dar, aber sie führen bereits zusammen, was zusammen gehört, nämlich junge Menschen unterschiedlicher sozialer Herkunft und unterschiedlicher Leistungskompetenzen. Und noch ein Wandel ist erforderlich, das Gymnasium muss auch auf die Berufsausbildung vorbereiten, nicht unbedingt als Hauptziel, aber doch seriös.

Sein hergebrachtes Ziel, die **Vorbereitung auf das Studium**, kann das Gymnasium dabei durchaus behalten. Der Verzicht auf frühe Selektionen wird die Zahl der Abiturientinnen und Abiturienten wahrscheinlich erhöhen, Gesamtschulen und Gymnasien werden also an Bedeutung gewinnen. Dabei sollte das Gymnasium von seinem Leistungsniveau immer noch so strukturiert sein, dass in Fächern ohne Zulassungsbeschränkung mindestens die besseren 50% der Absolventinnen und Absolventen ohne erneute Zugangsprüfung einen Studienplatz finden. Ein wichtiger Schritt dazu ist der für die Gemeinschaftsschulen nach der 5. oder 6. Klasse vorgesehene Wechsel vom Klassenlehrerprinzip zum Fachlehrerprinzip (mit pädagogischer Kompetenz), dadurch kann die Lerntiefe verbessert werden. Ein zweiter Schritt könnte für die Klassen 9 und 10 eine Differenzierung nach leistungsbezogenen Kursen sein, die entsprechend der Interessenlage der Schülerinnen und Schüler entweder einen berufsvorbereitenden oder einen abiturvorbereitenden Charakter haben sollte. Die Oberstufe kann dann darauf aufbauen und mit einem flexiblen Kurssystem von zwei (evtl. auch drei oder vier Jahren) eine gute Gewähr für qualitativ hochwertige Abiturleistungen ermöglichen.

Das Gymnasium der Zukunft muss allerdings die Herausforderung annehmen und in den ersten 6 Jahren **zur Gemeinschaftsschule werden**. Es muss inklusiven und gemeinsamen Unterricht ermöglichen, darf dabei nicht sozial schichten, sondern hat weit mehr als bisher zu fördern und zu helfen. Es muss in diesen Jahren zum Gymnasium für alle werden, stolz darauf, dass es auch Menschen mit schwierigen Startchancen auf das Abitur vorbereitet, dass es um jeden Einzelnen nicht nur durch Wissensvermittlung, sondern auch pädagogisch kämpft.

Das Gymnasium muss dabei seinen Anteil dazu beitragen, **die vermeintliche oder reale Leistungsdifferenz zur Gesamtschule aufzulösen**. So sollte das Gymnasium seine manchmal spürbare Arroganz der Reichen und Erfolgreichen ablegen. Es sollte seine Auffassung, dass theoretisches Wissen wichtiger ist als kompetentes und handwerkliches Tun, überprüfen, es sollte der Vergangenheit angehören, dass Lehrerinnen und Lehrer des Gymnasiums ausdrücklich Wert darauf legen, dass sie Philologen, und nicht Pädagogen seien. Aber natürlich muss auch an den realen Differenzen zur Gesamtschule gearbeitet werden, das Gymnasium sollte nicht seine Leistungsanforderungen senken, vielmehr sollten beide Schultypen mit vergleichbaren Leistungserwartungen arbeiten. Anzustreben ist eine Situation, in der in den Klassen 5 bis 10 die gemeinsame, an einem einheitlichen Rahmenplan ausgerichtete, Bildungserfahrung das Zentrale ist und nicht die Frage, ob man sich in den Räumen einer Gesamtschule oder eines Gymnasiums aufhält. Wesentliche Schritte in diese Richtung sind zunächst die freie Schulwahl zwischen Gesamtschule und Gymnasium nach der 4. Klasse (ohne Zugangsprüfung), dann die Angleichung der Lehr- und Lernstoffe, ein in beiden Schultypen gleichermaßen hoher Pädagogikanteil, die Zuordnung finanzieller Ressourcen entsprechend dem persönlichen und sozialräumlichen Bedarf und vor allem eine gleiche Ausbildung von Lehrerinnen und Lehrern an beiden Schultypen als altersbezogene und nicht schultypbezogene Stufenlehrer.

Die Frage, wohin Eltern nach der 4. Klasse ihre Kinder zur Schule schicken, kann nach der Realisierung der Gemeinschaftsschule nach **Kriterien wie räumliche Nähe und Freundschaft** zu Klassenkameraden entschieden werden. Aber natürlich sollte es auch möglich sein, bei entsprechendem Angebot sich **ein ansprechendes Profil** auszusuchen, indem man eine Schule z.B. mit einem sprachlichen oder sportlichen Profil präferiert. Der Entscheidung zwischen Gesamtschule und Gymnasium sollte dann allenfalls eine profilbildende (aber keine sozial schichtende) Bedeutung zukommen, eventuell in dem Sinne, dass die Gesamtschulen etwas stärker anwendungsorientiert unterrichten, wobei aber stets klar sein muss, dass beide Schulen gleichermaßen zur Mittleren Reife, zur Fachhochschulreife und zur allgemeinen Studienreife führen.

5.3. Infrastruktur: Gebäude, Kooperationen, Transportwege

Eine Gemeinschaftsschule sollte Gemeinschaft auch von den äußeren Rahmenbedingungen her darstellen. Allerdings kann eine Schulreform in Zeiten knapper Ressourcen die Kosten der erforderlichen Infrastruktur nicht unbeachtet lassen.

Gebäude

Eine Gemeinschaftsschule, die (z.B. in einer Nachkriegssituation) **von Grund auf neu** konzipiert und gebaut würde, könnte an einem (zentralen) Ort das vollständige Ausbildungsangebot einer 10-jährigen Gemeinschaftsschule und einer nachfolgenden 2- bis 4-jährigen Vorbereitung auf das Abitur vorhalten. Die Finanzen der meisten Bundesländer sind aber nicht so, dass sie größere Ressourcen für Neubauten vorsähen. Vielmehr ist angesichts des Geburtenrückgangs und der demographischen Entwicklung das Gegenteil der Fall, Schulen finden nicht mehr genügend Schülerinnen und Schüler und müssen geschlossen oder zumindest zusammengelegt werden. Es ist also eine lebensnahe Erkenntnis, wenn man feststellt, dass auch eine Schulreform zur Gemeinschaftsschule möglichst **mit den vorhandenen Gebäuden** auskommen sollte.

Vergleicht man weltweit die Konzeptionen, so findet man verschiedene Modelle, insbesondere die 8- oder 9-jährige Grundschule mit nachfolgendem Umzug in eine theorie- oder anwendungsorientierte Oberstufe, wie sie z.B. die DDR kannte, oder den mehrfachen Wechsel, von der Primär- zur Mittelschule und dann von der Mittel- zur Oberschule, wie wir es teilweise im angloamerikanischen System finden. Die **in Deutschland vorhandene Schul- und Gebäudestruktur** legt eine andere Lösung nahe, die dezentrale Grundschule als Gemeinschaftsschule, die zentrale Mittelstufe als Gemeinschaftsschule und die zentrale und typischerweise im selben Gebäude (der Gesamtschule oder des Gymnasiums) weiterlaufende Berufsvorbereitung bzw. Oberstufe. Das deutsche System würde also ebenfalls nur einen Umzug verlangen, allerdings schon zu einem frühen Zeitpunkt, was sich jedoch dann vertreten lässt, wenn, gleich in welches Gebäude der Umzug erfolgt, der Unterricht inhaltlich gleichermaßen Gemeinschaftsunterricht ist.

Gemeinsamer Unterricht würde durch **Ganztagsschulen** deutlich erleichtert. Hier besteht noch Bedarf, Umwandlungen kosten Geld, da die Betreuungszeiten insgesamt länger sind, zumal auch die Möglichkeit eines preiswerten Mittagessens weitere Kosten nach sich zieht. Dabei sollte ein leicht erhöhter Raumbedarf eingeplant werden, so für die Lehrerinnen und

Lehrer, die z.B. in Verbindung mit einer kleinen Bibliothek Fördermaßnahmen vorbereiten müssen oder auch für die Schülerinnen und Schüler, damit diese ihre Hausarbeiten und Fördermaßnahmen umsetzen und sich erforderlichenfalls auch einmal in einen Ruhe- oder Auszeitraum zurückziehen können. Zulässig dürfte dabei eine Kalkulation sein, die einmal feststellt, inwieweit die Ganztagsschule bisher nicht arbeitenden Erziehungsverpflichteten nunmehr die Arbeitsaufnahme ermöglicht und inwieweit dadurch neue Steuereinnahmen in der Gemeinde erwirtschaftet werden, die die Kosten der Ganztagsschule aufwiegen.

Kooperationen

Die optimale Nutzung vorhandener Gebäudestrukturen legt im Übrigen auch (gebäudebezogene) Kooperationen nahe. Solche Kooperationen sind bereits in der Vergangenheit zur **Bildung von Gesamtschulen und Schulzentren** erfolgt und erleichtern sowohl auf der Schülerinnen- und Schüler- wie auch auf der Lehrerinnen- und Lehrerseite einen größeren und flexibleren Austausch. Bei den Gymnasien beziehen sie sich eher auf Nebengebäude wie z.B. Sporthallen, auch das kann sinnvoll sein, wenn mit den Sportvereinen vernünftige zeitliche Absprachen getroffen werden können.

Eine weitere Kooperation sollte ebenfalls vorangetrieben werden, diejenige der Kindergärten, Horte und Schulen. Dies bezieht sich zunächst auf den **Übergang vom Kindergarten zur Schule.** Da Kindergärten und Grundschulen dezentral angesiedelt und daher meist nicht weit voneinander entfernt sind, geht es insofern allerdings weniger um räumliche Zusammenlegungen als um inhaltliche Absprachen, insbesondere für die Übergangsphase, dabei kann es um Vorschulangebote und konkret um Hinweise auf anstehenden Förderbedarf (und z.B. Umbauten für einen barrierefreien Zugang) gehen.

Noch wichtiger ist die möglichst auch **räumliche Kooperation mit Horten**, die Kinder nach dem Schulunterricht bis zur Rückkehr der arbeitenden Eltern oder im Interesse von sozialpädagogischen Lernprozessen aufnehmen. Gerade bei der Einführung von Ganztagsschulen sollte eine Entlastung der kommunalen Hortarbeit erfolgen, Kinder, die in der Schule betreut werden, benötigen für diesen Zeitraum keine weiteren Angebote. Angesichts der unterschiedlichen Trägerschaft von schulischer Betreuung (durch das Land nach Schulgesetzen) und außerschulischer Betreuung (durch die Kommune bzw. die von ihr geförderten freigemeinnützigen Träger, durch privat-gewerbliche Träger oder z.B. durch Elterninitiativen) empfehlen sich hier **Absprachen**, nach denen die Kommune bzw. die anderen Träger Betreuungsangebote innerhalb der schulischen Räumlichkeiten anbieten, wobei hinsichtlich der sicher nicht einfachen Kostenklärung pauschale oder differenzierende Vereinbarungen denkbar sind, so z.B. dahingehend, dass die Schule die Räumlichkeiten gewähren und die Hausarbeiten-Betreuung (z.B. über Schulassistentinnen und -assistenten) übernehmen und die Kommune die sozialarbeiterische Unterstützung gewährleisten könnte. Aber natürlich sind insofern bei naheliegenden Räumlichkeiten auch andere Kooperationen denkbar.

Transportwege

Anders als die USA, Kanada, Australien oder Finnland ist **Deutschland eher städtisch** denn ländlich geprägt, Regionen wie **Mecklenburg-Vorpommern haben allerdings auch ausgeprägt ländliche** Züge. Dennoch sind sehr lange, zeitaufwendige und kostenträchtige Schulwege eher die Ausnahme. Der räumliche Wechsel bereits nach der 4. Klasse zu einer zentraleren Schule, die dann bis zur Berufsausbildungs- bzw. Studienreife führt, mag zwar für einige wenige Schülerinnen und Schüler etwas früh sein, Schwierigkeiten verlangen dann aber Einzellösungen.

Andere Länder wie z.B. die USA haben sich insofern für ein staatlich oder kommunal gefördertes und teilweise kostenloses **Schulbussystem** entschieden. Ein solcher Ansatz ist grundsätzlich hilfreich, die jungen Menschen werden wohnungsnah abgeholt und erreichen regelmäßig sicher die Schule. Ein solches System kostet allerdings erhebliche zusätzliche finanzielle Beträge, die für inhaltliche und pädagogische Veränderungen dringend benötigt werden.

Deutschland ist insofern aber anders organisiert, es hat traditionell eine **gute, teils sehr gute Verkehrsinfrastruktur** mit einem öffentlichen Bus- und Bahnsystem einschließlich Straßenbahnen, S-Bahnen und U-Bahnen. Die bisherigen Lösungen sehen daher meist so aus, dass Absprachen mit dem kommunal zumindest beeinflussten öffentlichen Personennahverkehr, ÖPNV, erfolgen, so dass frühmorgens Busse hin zu den Schulen und nachmittags wieder in die Heimatorte zurückfahren. Eine Gemeinschaftsschule würde daran nicht notwendig etwas ändern müssen. Die Schülerinnen und Schüler gehen oder fahren wie bisher nach der Grundschule in ein zentraleres Schulgebäude, wenn sie sich nicht ohnehin schon in einem Schulzentrum bewegen. Gemeinschaftsschule verlangt daher nicht eine völlige Neuausrichtung, wohl aber eine Optimierung, die auf der einen Seite durch eine verlässliche Ganztagsschule, auf der anderen Seite durch zeitlich und örtlich angepasste Busfahrwege, und im Rahmen der Inklusion auch durch vernünftig durchdachte Einzeltransporte, gekennzeichnet ist. Wichtig ist dabei allerdings, dass Schülerinnen und Schüler diese Verkehrsmittel kostenlos nutzen können, zumindest dann, wenn es ihnen an entsprechenden finanziellen Möglichkeiten fehlt; es darf nicht sein, dass finanzielle Möglichkeiten die Art der Schulwahl beeinflussen.

5.4. Selbstständige Schulen, Binnendifferenzierung, Kurse

Das Verhältnis von Zentralismus und dezentraler Entscheidung gehört zu den grundlegenden und auch mit Machtfragen verbundenen politischen Fragestellungen. Es war kein Zufall, dass die Nationalsozialisten stark zentral organisiert waren und dass die Alliierten nach dem 2. Weltkrieg großen Wert darauf legten, dass durch starke Länderstrukturen ein System von Checks and Balances entstand.

Für den Bildungsbereich hat sich diese Aufgliederung zwischen einzelnen (teilweise auch noch sehr kleinen) Ländern allerdings zunehmend als hinderlich erwiesen, die Mobilität der Eltern von Schülerinnen und Schülern und der Studierenden verlangt ein abgestimmtes System, welches derzeit nur mit komplizierten Absprachen und eigenwilligen Verrechnungen erreicht werden kann. Unnötiger Streit könnte vermieden, die Mobilität erleichtert werden, wenn wir hier z.B. über ein von den Ländern gemeinsam verabschiedetes **Bundesrahmenbildungsgesetz** konsensfähige Rahmenbedingungen beschließen und z.B. auch – in Verbindung mit einer Unterrichtung nach gemeinsamen Lehrplänen – bundesweit vergleichbare Abschlussprüfungen einführen würden.

Mit diesen Überlegungen steht es nicht im Widerspruch, wenn hier gefordert wird, dass der zentral vorgegebene Rahmen von den Schulen unter Berücksichtigung der örtlichen Gegebenheiten mit einer definierten Selbstständigkeit ausgefüllt werden sollte. Der Ansatz hat sich nicht nur im finnischen Modell der Gemeinschaftsschule bewährt, er ist auch schon in zahlreichen deutschen Bundesländern erprobt worden.

Forderung nach mehr Selbstständigkeit

Die Forderung nach mehr Selbstständigkeit hat mehrere Wurzeln. In der Sozialpädagogik ist schon früh (vgl. Boulet, Kraus & Oelschlägel 1980) das Arbeitsprinzip der (lokal ausgerichteten) Gemeinwesenarbeit formuliert worden; es umfasst u.a. die Prinzipien der Aktivierung und Beteiligung der Betroffenen, ihre Vernetzung und die Nutzung lokaler Ressourcen sowie die Möglichkeit, problem- und zielgruppenspezifisch Lösungen zu finden. Auch der Ansatz der **Sozialraumorientierung** (vgl. Northoff, Methodisches Arbeiten und therapeutisches Intervenieren, Kapitel 6.3., 2012a) stand Pate, denn das schulische Angebot kann so besser den Besonderheiten und Bedarfen des Stadtteils oder der Region angepasst werden, insbesondere kann Förderbedarf so einfacher identifiziert werden.

Aber auch die psychologischen Untersuchungen zur Förderung der Motivation legen einen solchen Ansatz nahe (vgl. Northoff, Kompetenzen der Arbeits- und Problembewältigung, Kapitel 1.6., 2012b), eine Schule mit einem größeren Spielraum stärkt die **Eigenverantwortung**, persönliches und wirksames Engagement erhöht die Identifikation von Lehrerinnen und Lehrern, Schülerinnen und Schülern und Eltern mit ihrer Schule. Schließlich erhöht Selbstbestimmung auch die Verantwortlichkeit für den Erfolg, es ist daher nur konsequent, dass von selbstständigen Schulen eine **Qualitätssicherung** durch Supervisionen und Evaluationen erwartet wird, womit sich dann auch die Aufgabe der Schulaufsicht von einem Kontrolleur der Vorschriften hin zu einem Unterstützer und Berater wandelt. Finanziell lässt sich dies durch ein – evtl. teilweise aufgabengebundenes – Budget organisieren.

Ein heikler Grenzbereich ist dabei dann die Frage, inwieweit den Schulen neben einer gewissen Sachmittelverantwortung auch eine **Personalverantwortung** zukommen sollte. Überlässt man, wie teilweise in anderen Ländern üblich, den Schulen bzw. ihren Trägern die Lehrerauswahl, so wird dies den Wettbewerb eröffnen und steigern, es kann motivierend für alle wirken, Leistung wird neues Gewicht bekommen. Für die Bewerber bedeutet dies, dass ein abgeschlossenes Staatsexamen noch weniger Arbeitsplatzsicherheit gewährt, wer sich nicht gut verkaufen kann, wird möglicherweise keinen Arbeitsplatz finden und auf den Markt ausweichen oder (wie heute schon manche/r Absolvent/in, die/der keine Stelle findet), erneut ein Studium beginnen. Auch erheblicher Aufwand für Werbungen und Abwerbungen wird die Folge sein, aktive Schulleiterinnen und Schulleiter und attraktive Standorte werden die Gewinner, schwierige Stadtteile oder anstrengende Schülerpopulationen werden evtl. nicht die besten, sondern die übrig gebliebenen Bewerber erhalten. Wahrscheinlich ist es daher insofern vernünftiger, die Zuordnung von Lehrerinnen und Lehrern auch nach fachlichen Kriterien (womit hier auch pädagogische Kompetenzen gemeint sind) und nach dem konkreten Bedarf zu organisieren, und nicht völlig dem freien Markt zu überlassen.

Binnendifferenzierung in einer Gemeinschaftsschule

Binnendifferenzierung in der Gemeinschaftsschule geht aber deutlich darüber hinaus. Sie verlangt nicht nur einen Freiraum in der Klasse, sondern vor allem die pädagogische Kompetenz, in einer heterogenen Schülerinnen- und Schülergruppe differenziert mit den Lernausgangslagen, Förderbedarfen und Bewertungskriterien umzugehen, so dass die individuellen Potenziale bestmöglich gestärkt werden.

Stellen wir uns **eine Klasse in einer Gemeinschaftsschule** vor. In ihr befinden sich 15 mehr oder weniger unauffällige Schülerinnen und Schüler, denen man nach den Grundschulnoten die mittlere Reife oder das Abitur zutraut, vier Schülerinnen und Schüler mit schlechten Leistungen in Mathematik, ein körperbehinderter, im Rollstuhl sitzender Schüler, eine Schülerin mit einer leichten geistigen Behinderung, eine Schülerin, deren Eltern vor zwei Jahren aus dem Irak geflüchtet sind und ein sehr unaufmerksamer Schüler, an dem der Unterricht vorbeirauscht. Derartige Problemlagen lassen sich zentral weder genau verstehen noch können Interventionen zentral gelenkt werden. Die selbstständige Schule kann hier aber differenziert reagieren: Man kann sich frühzeitig auf die neue Klasse vorbereiten, die Zugänge sind behindertengerecht umgebaut, es gibt Klassenräume für Kleingruppenarbeit und mögliche Rückzugsräume, die Schule hat eine Sozialarbeiterin und kennt die sozialen Problemlagen des Viertels. In Vorgesprächen und durch teilnehmende Beobachtung im Unterricht finden die Klassenlehrerin und die Sozialarbeiterin heraus, dass zwei der besagten vier Schülerinnen und Schüler deswegen so schlechte Mathematikleistungen haben, weil im letzten Grundschuljahr die Klassenlehrerin erkrankt war, bei zwei weiteren können die Eltern selbst nicht gut rechnen, die leichte geistige Behinderung ist entstanden, weil das Kind während der Geburt einen Sauerstoffmangel erlitt, die Schülerin mit Migrationshintergrund ist nur in den sprachgebundenen Fächern schwach und der unaufmerksame Schüler durchlebt gerade die Scheidung seiner Eltern. Die sich daraus ableitenden Interventionen sind nun ebenfalls nur vor Ort und bei selbstständigen Entscheidungen der Schule möglich. So könnte in einer Förderkonferenz festgelegt werden, dass für die Schülerinnen und Schüler mit Schwierigkeiten in Mathematik wöchentlich 2 x 1 Förderstunde angeboten wird, dem Schüler mit den Aufmerksamkeitsproblemen soll eine therapeutische Unterstützung durch die Schulsozialarbeiterin, evtl. auch ein Erziehungsbeistand nach den §§ 27, 30 SGB VIII angeboten werden, hinsichtlich der leicht geistig behinderten Schülerin soll eine Heilpädagogin in einem Förderzentrum zu Rate gezogen werden, die Schülerin mit Migrationshintergrund soll zusätzliche Sprachförderung erhalten und dem körperbehinderten Schüler soll bei Bedarf durch die Mitschüler/innen geholfen werden, außerdem soll sein Antrag unterstützt werden, einen Sportrollstuhl zu beschaffen, der ihm auch die teilweise Teilnahme am Sportunterricht ermöglicht. In einer solchen Klasse besteht also die Binnendifferenzierung daraus, dass innerhalb derselben Klasse die unterschiedlichen Förderbedarfe erkannt und bedient werden, so dass sich nach einer Zeit der Hilfe und Unterstützung die Unterschiede verringern.

Kurssysteme und Klassen in einer Gemeinschaftsschule

Aber es sind auch Konstellationen denkbar, die (insbesondere mit zunehmendem Alter der Schüler/innen) eine **Differenzierung in mehrere Klassen oder Kurse** als sinnvoll erscheinen lassen. So könnte es sich ergeben, dass in derselben Klasse eine Schülerin autistisch ist und sich schon bei leichtesten Geräuschen stark irritiert fühlt, während ein anderer Schüler hyperaktiv ist und besonders viel Lärm und Unruhe verbreitet. Auch kann es sich ergeben, dass das Leistungsprofil in derselben Klasse sehr unterschiedlich ist, dass also z.B.

einige Schülerinnen und Schüler sehr gute Leistungen in Physik und Mathematik anbieten, während ein anderer Teil der Klasse Stärken im musischen Bereich hat. Im Idealfall der Gemeinschaftsklasse wär nun eine Intervention denkbar, bei der die musisch Begabten den in Mathematik Starken das Spielen eines Instruments beibringen, während umgekehrt die in Mathematik starken Schülerinnen und Schüler den anderen Nachhilfe in Mathematik geben. Aber es ist wohl lebensnah anzunehmen, dass bei einigen Schülerinnen und Schülern weder die Motivation noch die intellektuellen oder musischen Voraussetzungen so sind, dass diese wechselseitige Unterstützung von Erfolg gekrönt wäre. Hier sollte auch auf ein Parallelklassen- oder Kurssystem zurückgegriffen werden können, welches sich durch unterschiedliche Profile und Leistungsanforderungen auszeichnet.

Selbstständige Gemeinschaftsschule würde also über eine allgemeine Aktivierung, über eine Berücksichtigung der Sozialräumlichkeit und eine Stärkung der Eigenverantwortlichkeit noch hinausgehen, sie wäre es, die zusammen mit den Lehrerinnen und Lehrern **innerhalb der Klassen, aber auch in einem schulischen und lokalen Netzwerk** den Förderbedarf ihrer Schülerinnen und Schüler zu diagnostizieren und Förderungen, Hilfen und Interventionen zu diskutieren und umzusetzen hätte. Das Land könnte sich insofern vor allem auf Fortbildungen, Beratungen in regionalen Förderzentren, Unterstützungen und budgetierte Hilfe konzentrieren, die Kommune könnte das lokale Netzwerk, z.B. über die Hilfeplankonferenz des Jugendamtes nach § 36 SGB VIII, organisieren.

5.5. Ausbildung, Fortbildung und Motivation der Lehrkräfte

Gemeinschaftsschule ist grundsätzlich ein interaktiver Prozess zwischen Schülerinnen und Schülern, Lehrerinnen und Lehrern, Eltern und weiterer systemischen Faktoren (situativem und sozialem Umfeld). Auch das Verhalten der Schülerinnen und Schüler kann nur verstanden werden, wenn die Interaktion von exogenen (äußeren), endogenen (inneren) und mit zunehmendem Alter bewusst eingesetzten autonomen Faktoren beachtet wird. In dieser komplexen Dynamik kommt den Lehrkräften eine besonders wichtige Bedeutung zu, sie verbringen im Rahmen einer **ganztägigen Gemeinschaftsschule viele Stunden** mit den Schülerinnen und Schülern, ohne dass diese sich entziehen könnten, sie können elterliche Defizite kompensieren und individuell fördern, ihre Ausbildung, Fortbildung und Motivation sind daher besonders wichtige Eckpfeiler. Das verlangt inhaltliche und strukturelle Veränderungen der Ausbildung.

Inhaltlich geht es vor allem um eine **neue und intensivere pädagogische Ausbildung**, pädagogische Praktika vor und während des Studiums (z.B. als Projekte) könnten diesen Ansatz unterstützen. Natürlich ist es auch jetzt schon so, dass die meisten Lehrerinnen und Lehrer Erziehung und Förderung als wichtige Teilaufgaben verstehen. Durch die neue Ausrichtung wird sich aber die Heterogenität erhöhen, das verlangt, dass der pädagogische Anteil in ihrer Ausbildung angehoben werden muss, wobei es dann von der zu unterrichtenden Zielgruppe und entsprechenden Definitionen abhängt, wie hoch der pädagogische Anteil zu sein hat. Es kann in diesem Rahmen zwar kein Lehrplan entwickelt werden, aber wichtige Themen liegen auf der Hand: Es geht um ein neues, auf Gemeinschaft und nicht auf Segregation ausgerichtetes, Schulklima, um Arbeit mit heterogenen und pubertierenden Gruppen, um eine an psychologischen Gütekriterien und dem Fördergedanken ausgerichtete Diagnostik, um evidenzbasierte Förderung und präventive Maßnahmen z.B. bei psychosozialen Auffälligkeiten, um neue Formen der intraindividuellen und interindividuellen Lernfortschrittsdokumentationen, um ein Beratungs- und Unterstützungsnetzwerk. Zu einer solchen Ausbildung gehören auch die Auseinandersetzung mit den Grenzen von Förderung und die Diskussion der Erkenntnis, dass auch die professionellste schulische Intervention menschliche Variabilität nicht immer substantiell beeinflussen kann.

Die **bisherige Lehrerausbildung** ist vor allem durch eine Strukturierung nach Schultypen differenziert, wobei sich die Arbeit an der Grundschule, der Berufsschule, der Gesamtschule oder z.b. in der gymnasialen Oberstufe nicht nur hinsichtlich ihres gesellschaftlichen Status, sondern auch hinsichtlich ihrer Vergütung unterscheiden kann. Diese Differenzierungen bringen noch ein weiteres Problem mit sich, sie verlangen eine ebenso differenzierte Lehrerausbildung, was im Ergebnis die Einsetzbarkeit der Lehrkräfte deutlich erschwert.

Das bei PISA bekanntlich sehr erfolgreiche finnische Gemeinschaftsschulmodell geht, wie oben dargelegt, einen anderen Weg, es differenziert nicht nach Schultypen, sondern nach Aufgaben und Altersstufen, so z.b. durch die Ausbildung von **Klassenlehrern** (Vorschule, Klassen 1-6), **Fachlehrern** (Klassen 7 bis 12) und **Lehrern für Schüler mit besonderem Bedarf**. Dabei betont es die große Bedeutung der ersten Schuljahre und auch die finanziellen Ausgaben sind hier höher als in den späteren Schuljahren. Damit einher gehen wohl auch inhaltliche Überlegungen, die Vermittlung von Wissen und Theorien ist nicht automatisch mehr wert als die Organisation der Klassendynamik oder die methodische Erarbeitung einer Fördermaßnahme.

Stufenlehrersystem der Ausbildung

Gemeinschaftsschule in Deutschland könnte die finnischen Überlegungen aufgreifen und ein, in Anlehnung an deutsche Besonderheiten etwas differenzierteres, Stufenlehrersystem einführen. Dieses könnte dreifach gegliedert sein und die Klassen 1-6, 5-10 und 7-12 umfassen. Die hier vorgeschlagenen Zeiträume stellen eine gewisse Überlappung sicher, die Lehrkräfte des einen Abschnitts sind auch Teil des zweiten Abschnitts, Übergänge sollten dadurch deutlich erleichtert werden. Mit dieser in allen Stufen gleich zu vergütenden Lehrerausbildung sollte die Unterrichtung von Schülerinnen und Schülern der entsprechenden Altersgruppe an jedem Schultyp möglich sein. Die Ausbildung sollte möglichst nicht nur im Fächerkanon, sondern auch im pädagogischen Bereich so **modularisiert** sein, dass nach einer gewissen beruflichen Erfahrungszeit (von z.B. drei oder fünf Jahren) über eine berufsbegleitende Fortbildung in einem Zeitraum von nicht mehr als 2 Jahren der Wechsel in eine andere Stufe möglich sein sollte.

Die **Stufenlehrkraft A** würde für die Tätigkeit in den Klassen 1-6 ausgebildet, dies umfasst die bisherigen Ausbildungsinhalte für Grundschullehrer, sollte aber auch den Vorschulunterricht und den Übergang in die weiterführenden Klassen einbeziehen. Die Ausbildung würde das nahezu alle Fächer unterrichtende Klassenlehrerprinzip betonen, welches mit der 5. und 6. Klasse langsam zu Gunsten des Fachlehrerprinzips an Bedeutung verlieren sollte. Wichtig wären eine breite Fachkompetenz und eine Betonung der pädagogischen Ausbildungsinhalte und der Förderkompetenz, damit die Herausforderungen in einer etwas heterogeneren Gemeinschaftsschule gut bewältigt werden können.

Die **Stufenlehrkraft B** würde für die Tätigkeit in den Klassen 5-10 ausgebildet. Dies ist auf den ersten Blick eine vergleichsweise komplexe Aufgabe, weil sowohl die Gemeinschaftsschule wie auch die Vorbereitung auf den Beruf und das Abitur Themen wären. Die Befassung mit den Prinzipien der Gemeinschaftsschule wäre unabdingbar, um die Philosophie dieser Schule auch umsetzen zu können, ein pädagogischer Schwerpunkt könnte der Umgang mit pubertierenden Schülerinnen und Schülern sein. In dieser Stufe sollte Wert auf die Ausbildung nach dem Fachlehrerprinzip gelegt werden, das begrenzt die Ausbildungsinhalte und sichert gleichzeitig eine größere inhaltliche Tiefe, so dass auch ein Unterricht bis in die 9. und 10. Klasse möglich sein sollte. Ein gewisser Schwerpunkt dieser Ausbildung könnte die Vorbereitung der Schülerinnen und Schüler auf das duale System sein, diese Vorbereitung könnte in den Klassen 9 bis 10 erfolgen, hier gäbe es die dafür erforderlichen Spezialisten.

Die **Stufenlehrkraft C** würde für eine Tätigkeit in den Klassen 7-12 ausgebildet. Das bedeutet, dass auch in dieser Stufe die Ideen und Umsetzungsmöglichkeiten der Gemeinschaftsschule vermittelt werden, auch hier ist unter pädagogischen Gesichtspunkten die Pubertät ein nicht zu vernachlässigendes Thema. Die Ausbildung würde klar nach dem Fachlehrerprinzip erfolgen. Ein besonderer Schwerpunkt wäre die inhaltlich anspruchsvolle Vertiefung in den Vorbereitungsklassen zum Abitur, gleich, ob dies dann an einer Gesamtschule oder an einem Gymnasium erfolgt.

Die Ausbildung zur **Förderlehrerin** bzw. zum Förderlehrer (an einer Schule oder in einem Förderzentrum) könnte Module aus allen drei Stufen enthalten und sollte zusätzlich nach dem Fachlehrerprinzip Altersgrenzen übergreifende Schwerpunktkompetenzen hinsichtlich der Diagnose und Förderung bei besonderem Bedarf vermitteln. Ähnliches könnte für die Ausbildung zur **Berufsschullehrerin** bzw. zum Berufsschullehrer gelten. Ihnen könnten ausgewählte Module aus den Stufen B und C vermittelt werden und weitere Fächer nach dem Fachlehrerprinzip, wobei fachpraktische Erfahrungen zu berücksichtigen sind.

Der Zeitpunkt für eine Umstellung des Systems ist insofern günstig, als es durch die Einsparungen der Länder in den vergangenen Jahren, und die damit verbundene geringe Zahl von Neueinstellungen, teilweise zu einer Überalterung der Kollegien gekommen ist, so dass in naher Zukunft zahlreiche jungen Lehrerinnen und Lehrer neu ausgebildet werden müssen.

Fortbildung der Lehrerinnen und Lehrer

Die Fortbildung von Lehrerinnen und Lehrern ist schon deswegen eine mit der Einführung der Gemeinschaftsschule **untrennbar verbundene Forderung**, weil selbst nach einer Gesetzesnovelle in Richtung auf eine Stufenlehrerausbildung deren praktische Wirksamkeit sich erst nach einigen Jahren erweisen würde. Aber auch in einem funktionierenden System der Gemeinschaftsschule hätte sie eine gewichtige Rolle, weil nicht nur zum fachlichen Wissensstand, sondern auch in der pädagogischen Didaktik fortlaufend Innovationen erkennbar sind. Ein Beispiel ist das empfängerbezogene Lehren, das sich am Lernenden orientiert (manchmal auch als „Mathetik" bezeichnet), es unterbreitet dem Lernenden ein strukturiertes, umfassendes Angebot, das nicht nur auf der Inhalts-, sondern auch auf der Beziehungsebene abläuft und damit auch an die Motivation des Lernenden anknüpft. Derartige Fortbildungen sollten aber nicht nur an einzelnen Tagen im Jahr erfolgen, sondern als Block mit einem kompakt vermittelten Thema aufgestellt sein. Die Lehrerinnen und Lehrer sollten dabei nicht zu sehr darauf drängen, dass diese Fortbildungen nur unter Anrechnung auf die Unterrichtsstunden erfolgen. Zum einen kommen sie auch der eigenen Entwicklung zu Gute, und so ist es in der freien Wirtschaft bei den dort häufigeren Neubewerbungen meist so, dass Fortbildungen einfach erwartet werden. Auch übersteigen die unterrichtsfreien Zeiten die für den Erholungsurlaub notwendige Zeit, hier sollten in Absprache mit den Schulleitungen und dem dort identifizierten Bedarf **Zeiträume und Entlastungen** ausgehandelt werden.

Nicht nur aus Kostengründen, sondern auch wegen der besonderen Fachnähe, sollte zunächst geprüft werden, inwieweit **kollegiale** Fortbildungen möglich sind. An manchen Schulen sind Lehrkräfte mit besonderen Kompetenzen, z.B. in den Bereichen Pädagogik und Psychologie verfügbar, andere Schulen haben sich besondere Kompetenzen bei der Vorbereitung auf die berufliche Ausbildung erworben.

Wenn man davon ausgeht, dass die bisherigen Förderschulen sich im Rahmen des Inklusionsansatzes (nach dem Prinzip: die Förderlehrkraft folgt der Schülern bzw. dem Schüler) ganz überwiegend (abgesehen von wenigen spezialisierten Einrichtungen) zu pädagogischen **Förderzentren** wandeln, die vor allem ambulant an den Schulen tätig sind und bei der Bedarfsdiagnostik und Förderintervention beraten, dann ist damit bereits auch für eine Gemeinschaftsschule ein Fortbildungszentrum generiert. Sein Schwerpunkt sind die pädagogischen und psychologischen Hilfen, nicht nur bei „Behinderungen" im engeren Sinne, sondern auch allgemein beim Umgang mit heterogenen Klassen, dazu gehören Hilfen bei der Auswahl einer geeigneten Didaktik und die bestmögliche Förderung. Dies schließt nicht aus, dass es daneben noch am selben oder an einem anderen Ort für die fachspezifische Weiterbildung ein **Lehrerfortbildungszentrum** geben sollte, welches insofern den Fortbildungsbedarf absichert.

Auch die **Hochschulen** sollten in der Lage sein, die erforderlichen Fortbildungen anzubieten. Das Thema Gemeinschaftsschule ist an den meisten pädagogischen Fakultäten und auch in der Ausbildung der Sozialen Arbeit und der Sozialpädagogik angekommen und wird dort fachlich aufgenommen und diskutiert. Es wird zunehmend auch Material erarbeitet, welches der Lehrerfortbildung dienlich ist, eine entsprechende Forschungsförderung der Bildungs- bzw. Wissenschaftsministerien könnte hier auch eine gewisse thematische Ausrichtung bewirken.

Motivation der Lehrerinnen und Lehrer

Die Motivation der Lehrkräfte für ihren Beruf und ihre konkrete Arbeit ist ebenfalls ein wichtiger Pfeiler des pädagogischen Erfolges.

Analysiert man die **gegenwärtige Situation** noch vor Einführung der Gemeinschaftsschule, so wird ein großes Motivationsdefizit deutlich. Immer wieder erlebt man bei Lehrerinnen und Lehrern vermeintliche und echte Burnout-Prozesse oder andere Formen von Depressionen; längere Krankheitsausfälle und vorzeitige Pensionierungen scheinen zum Regelfall zu werden. Es mag dahingestellt sein, ob diese Entwicklungen vor allem auf das zergliederte System, auf schwierige Selektionsentscheidungen und Notenzwang oder nur auf eigenwillige Selbstwahrnehmungen zurückzuführen sind. Die Entwicklung scheint aber weniger durch mangelndes Fachwissen als durch pädagogische Überforderungen bestimmt zu werden, insofern ist die bisherige Ausbildung ganz offensichtlich defizitär.

Die **Philosophie der Gemeinschaftsschule** sollte zu einer Stärkung der Motivation beitragen. Nicht Benotung und Exklusion sind für sie wichtig, sondern der fördernde und inklusive Ansatz. Die Rolle der Lehrkraft ändert sich, sie ist nicht mehr der angstbesetzte Gegner, sondern der helfende Freund, auf dessen Unterstützung man bauen kann.

Aber auch die neuen Herausforderungen der Gemeinschaftsschule müssen motivational vorbereitet werden. Zwei wichtige Grundhaltungen sollten insofern vermittelt werden. Zunächst, die Lehrkraft sollte **pädagogische Interventionen als professionelle Aufgabe** erkennen. In Supervisionen zeigt sich immer wieder, dass vor allem diejenigen von Burnout bedroht sind, die Kritik der Schülerinnen und Schüler persönlich nehmen. Nur wer erkennt, dass die meisten personenbezogenen Äußerungen der Schülerinnen und Schüler nicht fundamental und persönlich, sondern situativ und nicht gerade von Fachlichkeit getragen sind, kann, ohne persönlich verletzt zu sein, sich gelassen zurücklehnen und professionell überlegen, welche Maßnahme wohl eine Verhaltensänderung herbeiführen wird. Zweitens darf Unterricht nicht mehr nur als reproduktives Vermitteln einmal gelernten Wissens verstanden werden, sondern **er muss als forschender, stetig den Bedingungen anzupassender**, neugierig beobachtender, sorgfältig diagnostizierender und hinsichtlich der Wirksamkeit seiner Interventionen immer wieder zu überprüfender Unterricht verstanden werden.

Dafür müssen die Lehrerinnen und Lehrer ausgebildet sein, denn wenn neue Herausforderungen nicht als demotivierende Überforderung, sondern **als motivierender Freiraum** wirken sollen, muss man das Gefühl haben, die Aufgabe bewältigen zu können, und die Erwartung, dass sorgfältige pädagogische Arbeit auch zu, erkennbaren und anerkannten, Entwicklungsfortschritten führt (vgl. zu den Bedingungen erfolgreicher Motivation: Northoff, Kompetenzen der Arbeits- und Problembewältigung, Kapitel 1.6., 2012b). Insofern hängen eine solide psychologisch-pädagogische Ausbildung und Leidenschaft sowie Empathie für den Beruf eng zusammen.

5.6. Optimierungen der bisherigen Didaktik und Schulklima

Eine erfolgreiche Gemeinschaftsschule setzt über die bereits angedeuteten Motivations- und Haltungsänderungen bei den Lehrerinnen und Lehrern aber noch weitere didaktische Veränderungen voraus. Lernen und Lehren in gemischten Gruppen erfordert insbesondere Kompetenzen im Umgang mit heterogenen Gruppen (vgl. Northoff, Methodisches Arbeiten und therapeutisches Intervenieren, Kapitel 5.1., 2012a), der Gedanke der bestmöglichen Förderung verlangt Kompetenzen hinsichtlich eines Lernens nach dem Stand der Wissenschaft (vgl. Northoff, Kompetenzen der Arbeits- und Problembewältigung, Kapitel 1.5., 2012b).

Arbeit mit heterogenen Gruppen

Ein wesentliches Merkmal einer funktionierenden Gruppe besteht in ihrem Zusammenhalt. Eine **hohe Kohäsion setzt voraus**, dass die Motivation und Erwartung des einzelnen Gruppenmitgliedes übereinstimmt mit dem Ziel und Angebot der Gruppe und dass das Kosten-Nutzen-Verhältnis der Mitgliedschaft als lohnend eingeschätzt wird. Dabei wird die Kohäsion vor allem durch drei Kräfte gestärkt, nämlich durch die kooperative und freundliche Interaktion der Mitglieder, durch die über die Möglichkeiten des Einzelnen hinausgehenden Aktivitäten sowie durch die leichtere Erreichbarkeit individueller Ziele mit Hilfe der Gruppe.

Die Gemeinschaftsschule verlangt schon **von ihrer Zielsetzung her die kooperative** und freundliche Interaktion, die tolerante und rücksichtsvolle Zusammenarbeit ist eine wichtige Aufgabe, individualistische Machtbedürfnisse werden begrenzt, was einen entspannten Wettkampf um die bessere Leistung nicht ausschließen muss. Museumsbesuche, Wandertage, Klassenfahrten und ähnliche Aktivitäten gehen über die Möglichkeiten des Einzelnen hinaus und können das Gemeinschaftsgefühl stärken. Auch für die Förderung der Schwächen und Stärken sind die Gruppe bzw. Teile der Gruppe hilfreich, so bei gut vorbereiteter und strukturierter Gruppenarbeit, bei der Unterstützung von Leistungsschwächeren durch Jahrgangsältere oder Leistungsstärkere oder bei Projekten wie z.b. Theaterstücken, die die jeweiligen Stärken der Klassenmitglieder in einzelnen Passagen hervorheben.

Eine gute Verbindung von **Einzelarbeit und Gruppenarbeit** lässt sich dabei z.b. durch das sog. kooperative Lernen (Brüning & Saum 2006) erreichen, bei welchem nach der Aufgabenstellung in einer ersten Phase eine allgemein angeleitete und schriftlich niederzulegende Einzelfallarbeit erfolgt, die dann in einer zweiten Phase durch den Austausch der Ergebnisse und Fragen mit einem Partner oder einer Kleingruppe ergänzt wird und in einer dritten Phase zur Präsentation der gemeinsam erarbeiteten Ergebnisse führt.

Gute Gruppenleitung kennt und beherrscht die strukturellen und dynamischen Aspekte von Gruppen und setzt sie reflexiv und ethisch verantwortlich ein. Dabei können Gruppenregeln hilfreich sein, denn sie stärken das Wir-Gefühl und erleichtern es, die Gruppenziele zu erreichen, weil Planung und Koordination nach berechenbaren Kriterien ablaufen. Gute Gruppenleitung kann aktiv zuhören und empathisch kommunizieren, sie beachtet das Hier und Jetzt und vernachlässigt nicht das Da und Dort, sie findet den Weg der offenen Strukturiertheit und sie begleitet notwendige Anpassungsprozesse (Rechtien 2007, 99ff).

Wissen vermittelndes Lernen

Die größere Bedeutung der Pädagogik im Kontext der Gemeinschaftsschule bedeutet natürlich nicht, dass die Gemeinschaftsschule ihre zentrale Aufgabe, nämlich die **Vermittlung von Wissen, Kompetenzen und Werten** vernachlässigen sollte. Diskussionen ohne Fachwissen degradieren zu inhaltsleeren Spielereien, Physik und Chemie ohne verstandene Formeln sind auch in Zeiten der Taschenrechner sinnentleert und Sprachen ohne Vokabelwissen sind auch beim Einsatz von Übersetzungscomputern irgendwie lebensfremd. Der heute immer noch weit verbreitete Frontalunterricht wird in einer Gemeinschaftsschule zwar seine zentrale Bedeutung verlieren, er wird aber in (zeitweiligen) Versatzstücken immer noch seinen Platz haben, denn er hat ja den Vorteil, dass schnell, strukturiert und inhaltlich zutreffend Lerninformationen gegeben werden.

Die Schwäche des Frontalunterrichts liegt allerdings in den **unsicheren Motivations- und Lernprozessen** der Lernenden. Besonderer Wert sollte daher zu Beginn darauf gelegt werden, dass die situativen, interaktiven, gruppenspezifischen und entwicklungspsychologischen Umstände für die geplanten Lernprozesse günstig sind. Lernen verlangt Aufnahmefähigkeit, d.h. die inneren Umstände müssen ein Verständnis des Lerngegenstandes und die äußeren Umstände müssen eine Konzentration auf das Lernthema zulassen, bei inklusivem Lernen muss hier evtl. zieldifferent vorgegangen werden. Lernen setzt auch Aufnahme-bereitschaft voraus, also ein Bedürfnis bzw. Interesse, Beispiele aus der Lebenswelt können dieses wecken. Weiterhin ist es wichtig, durch eine empathische, verständnisvolle Beziehung zwischen Lehrerin bzw. Lehrer und Schülerin bzw. Schüler positive Assoziationen zu stiften. Nicht jede/r/m Lehrer/in ist ein entsprechendes Charisma gegeben, doch kann es z.b. wenig motivierten Schülerinnen und Schülern helfen, wenn ihnen vermittelt wird, dass *(1.) die Ursachen für das Desinteresse bekannt sind, dass es (2.) Möglichkeiten gibt, sie zu beseitigen, dass (3.) der/ die Betroffene kein Einzelfall ist, dass (4.) in anderen Fällen Lernerfolge möglich waren und dass (5.) Rückschläge im Unterricht aufgefangen werden.*

Da Lernen eng mit **Wahrnehmungs-, Gedächtnis- und Denkprozessen** verknüpft ist, kann es helfen, Mnemotechniken wie die Loci Methode (bei der man z.b. neue Informationen mit bekannten Gegenständen aus der eigenen Wohnung verknüpft), Organisationsmöglichkeiten und Zeitmanagement oder auch Kreativitätstechniken wie das Brainstorming (Sammeln und Bewerten) oder das Mind-Mapping (bei welchem man Gedanken stichpunktartig auf ein Blatt skizziert und Beziehungen herstellt) zu vermitteln. Da der Wegfall von Verstärkern zur langsamen Auslöschung (Extinktion) des Gelernten führt, andererseits aber aus der Denk- und Gedächtnispsychologie bekannt ist, dass eine intensive kognitive oder emotionale Auseinandersetzung zu dauerhafterer Speicherung führt, kann man versuchen, die Lernprozesse dementsprechend zu gestalten (was ja in der Praxis auch teilweise schon geschieht). Der Lernerfolg hängt dabei insbesondere von der gut durchdachten Strukturierung und Verarbeitungstiefe des Lerninhalts, vom Lernkontext, von Wiederholung und Einübung sowie von der Motivation des Lernenden ab. Das Ergebnis des Lernprozesses kann bei Tests bewertet werden und Anlass zu neuen Lernprozessen sein. Am Ende des geplanten Lernens könnten soziale Vereinbarungen mit dem Lernenden über weitere Lernschritte und über Fördermaßnahmen stehen.

Selbstorganisiertes Lernen

Selbstorganisiertes und selbst gesteuertes Lernen versucht, die klassische Top Down Lehre (von oben nach unten, z.B. frontal, mit nur geringer Interaktion) durch einen Bottom Up Prozess (von unten nach oben) zu ersetzen und insbesondere an die Motivation der Schülerinnen und Schüler anzuknüpfen. Auch dieses Vorgehen hat kognitive, Wissen und Strategien vermittelnde, Komponenten, er ist allerdings tendenziell anders ausgerichtet, es muss zunächst gelernt werden, wie man lernt.

Steht die **Selbstmotivierung** im Vordergrund, setzt dies zunächst eine anregende Lernumgebung voraus. Frontalunterricht im Klassenverband ist dafür weniger geeignet, die Schule hat kleinere Lernräume und Rückzugsmöglichkeiten, Schule soll Spaß machen. Die Wissensvermittlung knüpft an die Schülerinnen und Schüler interessierenden Themen an, manchmal auch an eine konkrete Fragestellung.

Daneben wird Wert auf das **metakognitive Lernen** gelegt, die Schülerin bzw. der Schüler muss *wissen, wie* man Informationen findet, auswählt, zusammenstellt, lernt und speichert, welche Strategien es gibt, um sie abzurufen, wie die Lernaufgaben strukturiert sind, wie man selbst am besten lernt. Hilfsmittel wie Bibliotheken, Computer mit Internetanschluss oder anschauliche Modelle werden vermittelt.

Auch ist **individuelle Begleitung** mit strukturellen Hinweisen nötig, die Lehrerin bzw. der Lehrer steht als Begleiter/in und Berater/in zur Verfügung, sie/er versucht auf individuelle Lernprozesse einzugehen, auch ein Wissensinput oder ein modellhaftes Vorspiel können geboten sein. Im Verlauf des Lernprozesses werden strukturelle Hinweise gegeben, offene Aufgaben müssen nachgearbeitet werden, so dass auch alle Lernziele abgedeckt werden.

Schließlich muss die Schülerin bzw. der Schüler über Prozeduren und **Strategien der Kontrolle** der Lernprozesse und ihres Erfolges verfügen, also z.b. das Monitoring und eine realistische Selbstdiagnose anwenden können. Das setzt die Fähigkeit zur Planung, zum Zeitmanagement, zur Regulation und zur ehrlichen Selbstbewertung voraus.

Problemorientiertes Lernen

Eine Verbesserung des Lernerfolges kann auch durch problemorientiertes Lernen (Problem Based) erreicht werden. Dies hatte schon Dewey um die Wende vom 19. zum 20. Jahrhundert bei seinen Untersuchungen in seiner Laborschule erkannt und die große Bedeutung von praktischer Tätigkeit und primärer Erfahrung sowie des forschenden Lernens betont (Dewey 1974). Für die Sinnhaftigkeit des problemorientierten Lernens gibt es mehrere **Gründe.** Zunächst lassen allgemeine Einschätzungen vermuten, dass sich unser (Fakten-)Wissen in nur wenigen Jahren verdoppelt, außerdem ist das Faktenwissen über das Internet leichter abrufbar. Zum zweiten wünschen sich viele Betriebe und auch Behörden, dass das in der Schule gelernte Wissen näher an den Problemen der Praxis ausgerichtet werde. Schließlich wissen wir, dass Auseinandersetzungen mit konkreten und auch relevanten Fragestellungen stärker zur Mitarbeit motivieren.

Derartiges Lernen will aber auch **durch die Lehrerin bzw. den Lehrer gelernt** sein, es verlangt sorgfältig vorbereitete Fälle, dabei könnten die pädagogischen Fakultäten der Hochschulen gut helfen. Bei der *Anchored Instruction* ist Ausgangspunkt eine als Text oder als Video dargebotene, als Geschichte erzählte, sinnvoll komplexe Problemsituation. Sie enthält die für die Lösung erforderlichen Daten, Alternativfragen, um das Gemeinsame und das Besondere herauszufinden und verlangt eine schrittweise Problemlösung. Ein anderer Ansatz verlangt die Bearbeitung unter unterschiedlichen Blickwinkeln (Cognitive Flexibility Theory), ermöglicht Verknüpfungen zwischen mehreren Disziplinen, die engen Fächergrenzen werden dabei aufgelöst. Ein dritter Ansatz vermittelt domänenspezifische Kompetenz (Cognitive Apprenticeship), eine Art berufsspezifische Handwerkslehre, die Wissen, Strategien, Tipps von Experten vermittelt. Inklusive Gemeinschaftsschule kann diese Ansätze (neben anderen) gut nutzen, denn sie ermöglichen leistungs- und zieldifferente Aufgaben. Auch ein vernünftiges Verhältnis von Einzel- und Gruppenarbeit, regelmäßiges Feedback und eine Präsentation, möglichst auch mit einem inhaltlich vorher geprüften Handout, sind für gemeinsames Lernen hilfreich.

Das entsprechende Lernen kann insofern durch anwendungsorientiertes Lernen an anderen **außerschulischen Orten** wie z.B. in einer Firma oder in einer Verwaltung ergänzt werden. Dadurch wird der Anwendungsnutzen deutlicher und eine entsprechende Lernmotivation noch verstärkt. Dabei sollten die heute noch teilweise separat arbeitenden Schulwerkstätten, die Angebote des produktiven Lernens (einige Tage im Betrieb, einige mit spezifischer Beschulung), die Produktionsschulen (für nicht mehr schulpflichtige Schülerinnen und Schüler) und vergleichbare Angebote in das System Gemeinschaftsschule integriert werden. Sie würden in einer nicht mehr auf Segregation und Sitzenbleiben ausgerichteten Gemeinschafts-schule ihre jetzige Bedeutung als „Sonderschulen" für Schulverweigerer verlieren, könnten aber nach wie vor für Menschen mit Lernschwierigkeiten oder Verhaltensauffälligkeiten (evtl. auch nur stundenweise) alternative Lernmöglichkeiten darstellen.

Soziales, inklusives Lernen

Gemeinschaftsschule hat aber noch einen weiteren großen Lernvorteil, sie ermöglicht sozia-les (und inklusives) Lernen **in der Gruppe.**

Menschen mit unterschiedlichen Lernausgangslagen (und besonderem Bedarf) werden frühzeitig als „normaler" Teil unserer Gesellschaft erlebt, ein zuversichtliches Lebenskonzept hilft ihnen, mit Optimismus in Lernprozesse zu investieren. Sie werden von Anfang an als dazugehörig angesehen, ihnen zu helfen, ist für alle selbstverständlich, mitmenschliche Soli-darität wird damit zu einem zwar beiläufigen, nichtsdestotrotz wichtigen Lernerfolg. Je länger das gemeinsame Lernen dauert, umso nachhaltiger wird es sein, je mehr sich Bürgerinnen und Bürger stützen und unterstützen, umso stärker werden mittelfristig auch die Kommunen von derartigen Aufgaben entlastet.

Die **gelegentlich abschätzige Distanz** der Gymnasialschülerinnen und -schüler gegenüber den Hauptschülerinnen und -schülern, Realschülerinnen und -schülern und Gesamtschüle-rinnen und -schülern dürfte sich in einer Gemeinschaftsschule verringern, auch die teilweise Arroganz der (intellektuellen) Theoretiker gegenüber den (handwerklich erprobenden) Prakti-kern sollte abnehmen. Die Herkunft der Eltern, ihre Arbeitslosigkeit, ihre unterschiedlichen finanziellen Ressourcen verlieren an Bedeutung, respektvoller Umgang, Wissen, Fleiß und belastbare Freundschaften über soziale Schichtungen hinweg gewinnen an Kraft. Damit werden diejenigen Faktoren gestärkt, die auch im späteren Leben die Säulen eines gemein-samen Erfolges sind.

Auch wissen wir, dass durch das gemeinsame Lernen voneinander die durch die unter-schiedliche soziale Herkunft veranlassten **unterschiedlichen Startchancen** stärker nivelliert werden. Das bedeutet zwar nicht, dass beim gemeinsamen Lernen auch stets die Leistungs-ergebnisse nivelliert sein müssten, menschliche Vielfalt lässt vielmehr erwarten, dass es un-terschiedliche Stärken und Schwächen gibt, die man möglichst auch noch selbst realistisch einschätzen können sollte. Nach den Erfahrungen in anderen Ländern wie z.B. Finnland (vgl. oben 2.2.) dürfte längeres gemeinsames Lernen aber im statistischen Durchschnitt zu einem deutlichen Anstieg der qualifizierten Ausbildungsabschlüsse, sei es durch das Abitur oder den erfolgreichen Abschluss einer Lehre, führen.

Zu erwarten ist auch, dass inklusive Kulturen Bedrohung und Ausgrenzung abbauen, sie erhöhen Sicherheit und Lebensqualität. Je weniger Ausgrenzung es gibt, desto mehr kann die Unterstützung von Wenigen auf alle verteilt werden. Der Aufwand für die Kommune nimmt ab, die Identifikation und das Engagement der Bürgerinnen und Bürger für ihren Le-bensort werden zunehmen.

Verbessertes Schulklima

Die Philosophie der Gemeinschaftsschule wird sich aber nur umsetzen lassen, wenn sie von einem wohlwollenden Schulklima getragen wird. Aufgabe der Schulleitung wird es sein, die

Prozesse zu organisieren und im respektvollen Umgang miteinander Reibungsverluste möglichst zu minimieren.

Gestandenen Lehrkräften dürfte es nicht leicht fallen, ihre über Jahrzehnte eingeübte Didaktik umzustellen, sie brauchen von der Schulleitung eingeräumte Freiräume für Fortbildungen und die Möglichkeit der kollegialen Beratung und Supervision, um ihre praktischen Erfahrungen besser zu verstehen. Die Arbeit mit Kleingruppen verlangt Räumlichkeiten, die auch räumlich getrennte Bearbeitungen ermöglichen, in größeren Klassen können aber auch Trennwände schon ausreichen. Projektunterricht sollte nicht den klassischen Fachlehrerunterricht blockieren, manchmal können die Fachlehrkräfte mit ihren Stunden sinnvoll in das Projekt integriert werden, meist ist es sinnvoll, für alle Klassen gleichzeitige Projektwochen vorzusehen. An einer erfolgreichen schulischen Interaktion interessierte Schulleitungen geben insofern **günstige Strukturen vor** und ermutigen ihre Lehrerinnen und Lehrer, wissenschaftlich durchdachte, neue Wege zu gehen.

5.7. Erstellung und Verbesserung von Netzwerken

Für eine Gemeinschaftsschule spielt ein Netzwerk nicht nur eine individuell helfende, sondern eine allgemein konstituierende Rolle. Ein Netzwerk ist die Gemeinschaft im Kleinen, eine Gemeinschaft, in der Rat und Unterstützung aus einer Haltung der (wechselseitigen) Solidarität, häufig kostenlos, erhalten werden kann.

Die meisten Menschen sind auf Grund ihrer unterschiedlichen Rollen bereits Netzwerken zugeordnet, der Familie, dem Arbeitsplatz, dem Freizeitverein, einer Kirche. Die Ausbildung von Kindern verlangt zusätzliche Netzwerke, in der Klasse, in der Schule, in außerschulischen Fortbildungs- und Fördermaßnahmen und, last but not least, auch in einer kommunalen Kinder- und Jugendhilfe.

Das Netzwerk der Klasse

Das Netzwerk der Klasse wird vor allem von den Schülerinnen und Schülern, den Klassenlehrerinnen und Klassenlehrern, den Fachlehrerinnen und Fachlehrern und insbesondere bei inklusivem Unterricht auch von Förderpädagoginnen und -pädagogen und weiteren Fachkräften sowie natürlich auch den Eltern gebildet.

Schülerinnen und Schüler können sich **untereinander helfen**, körperlich gesunde denjenigen mit Behinderungen, leistungsstärkere den leistungsschwächeren, erfahrenere den neu hinzugekommenen. Welche Bedeutung die Eltern haben können, machen uns viele Privatschulen vor, die die Unterstützung durch die Eltern sogar in den Schulvertrag aufnehmen. Eltern können auf Grund ihrer persönlichen Beziehungen und ihres beruflichen Hintergrunds Lernumstände und Projekte mit gestalten, manchmal lässt sich auch eine gemeinsame Betreuung von Hausarbeiten organisieren, von informellen Beratungen und Hilfen ganz zu schweigen. Die Klassenlehrerin kann zusammen mit den Fachlehrkräften eine Stärken – Schwächen – Analyse vornehmen, ihre Aufgabe ist es, ggf. notwendigen Förderbedarf zunächst innerhalb der Klasse durch eigene Interventionen, erforderlichenfalls aber auch in weiteren Netzwerken abzufangen. All dies wird aber auch Zeit kosten, diese ist einzuplanen, z.B. auch als Klassenlehrerstunden.

Insbesondere bei Behinderungen kann es **Schulassistentinnen** und -assistenten als Integrationshelfer geben, die dem jungen Menschen zur Mobilität verhelfen, die Literatur besorgen, kopieren, vorlesen und, soweit erforderlich, auch eine medizinische Versorgung sicherstellen können sollten. Aber es ist, wie oben angedeutet, auch denkbar, Schulassistenten (stunden- oder fächerweise) Lehrerinnen oder Lehrern an die Seite zu stellen, um zieldifferentes Arbeiten oder die Arbeit in kleineren Gruppen zu erleichtern. Ihre Vorbildung muss nicht spezifisch geregelt sein, sie sollte sich nach dem konkreten Bedarf richten, manchmal können z.b. die Kompetenzen eines pensionierten Lehrers, manchmal z.b. die einer Krankenschwester gefragt sein, manchmal mögen die Kompetenzen eines Studierenden der Sozialen Arbeit nach dem 4. Semester ausreichen, manchmal können auf praktische Erfahrungen zugreifende Teilzeitmodelle, z.b. nach einer Eltern-Auszeit, in Betracht kommen, der Begriff der *Unterstützungskraft* beschreibt dies recht gut.

Das Netzwerk der Schule

Das Netzwerk der Schule sollte sowohl fachlich am Fächerkanon wie auch am pädagogischen Bedarf ausgerichtet sein, selbstständige Schule hat hier einen Spielraum, den sie nutzen muss. **Fachlich** sollte ein klassenübergreifendes **System von Fördermaßnahmen** für Schülerinnen und Schüler aufgebaut werden, dafür sind zusätzliche Lehrerstunden einzuplanen. Entsprechend den Möglichkeiten der Schule wird diese wahrscheinlich vor allem Kleingruppenförderungen vorsehen, doch sind z.b. auch Nachhilfemöglichkeiten durch ältere Schülerinnen und Schüler oder durch einen Hort organisierte Hausarbeiten-Betreuungen möglich.

Pädagogisch sollten in einer Gemeinschaftsschule **die Lehrkräfte so ausgebildet sein**, dass sie nicht nur als Philologen, als Freunde der (jeweiligen) Wissenschaft, sondern auch als Pädagogen, als Erziehungswissenschaftler, agieren können. Soweit sie an ihre Grenzen kommen, sollte ihnen aber das schulische Netzwerk zur Verfügung stehen. Sein Umfang dürfte sich dabei nach der Größe der Schule und dem Bedarf richten, konkret kommen wohl vor allem **Schulpsycholog/inn/en und/ oder Schulsozialarbeiter/innen** in Betracht. Hilfreich dürfte es dabei sein, wenn sie über Erfahrungen speziell im Bereich Schule, über Wissen im Bereich der Diagnostik und Förderung und über eine besondere Beratungskompetenz verfügen. Sozialarbeiterinnen dürften dabei Stärken hinsichtlich der Hilfe im Jugendamt-Kontext haben, Psychologinnen sollten auch Spezialisten für Diagnostik und spezifische psychosoziale Auffälligkeiten sein.

Soweit sich aus den Förderschulen Förderzentren entwickelt haben, die vor allem dezentral fördern und beraten, kann sich für einzelne Schülerinnen und Schüler auch die Teilnahme eines **Mitglieds des regionalen Förderzentrums** empfehlen, wenn dadurch ein spezieller Bedarf abgedeckt werden kann. Als Organisationsmedium bieten sich **Förderkonferenzen** an, die je nach Bedarf zusammengesetzt sind und bedarfsgerecht tagen.

Fortbildungs- und Förderzentren

Das nächstweitere Netzwerk würde die außerschulische, aber immer noch bildungsbezogene, Unterstützung sichern. Angesichts des Bildungsbezugs sollte es durch das für die Schule zuständige Ministerium organisiert und finanziert werden.

Eine Säule könnte eine Förderung der Fortbildungen für die Lehrerinnen und Lehrer und weitere ausbildende Kräfte der Schule sein. Wie auch immer diese „**Lehrerbildungszentren**" heißen und wo auch immer sie zugeordnet sein mögen, wichtig ist, dass sie die Philosophie der Gemeinschaftsschule verstehen und ihren Bedarf abdecken können, also einerseits fachspezifisches Wissen, andererseits aber auch pädagogisches Wissen vorhalten oder über Veranstaltungen vermitteln können.

Eine zweite Säule könnten die in bisherigen Förderschulen entstehenden **Diagnose- und Förderzentren** sein, die sich dann aber nicht nur als Spezialisten für Menschen mit besonderem Bedarf, sondern auch generell als Unterstützer für junge Menschen mit Benachteiligungen und als Bindeglied zur Gesellschaft verstehen sollten. Für Menschen mit Mehrfachbehinderungen, unerträgliche Schulstörer, potenzielle Schulverweigerer und andere komplexe Fälle könnte dort ein vertiefter, möglicherweise mehrtägiger und interdisziplinärer Diagnose- und Förderprozess organisiert werden, an welchem Förderpädagogen, Heil- und Sprachpädagogen und andere Spezialisten teilhaben. Bei besonderem Bedarf könnte **hier auch eine stundenweise oder zeitweilige Einzel- oder Kleingruppenunterrichtung** erfolgen, die durch schulischen Unterricht im engeren Sinne ergänzt wird oder wieder an ihn heranführt. Auch die in besonders komplexen Einzelfällen unvermeidbare stationäre Unterbringung und **Unterrichtung in einer anderen, evtl. spezialisierten, Einrichtung** könnte hier organisiert und fortlaufend hinsichtlich ihrer Sinnhaftigkeit überprüft werden.

Kinder- und Jugendhilfe

Ein noch umfassenderes Netzwerk darf im Zusammenhang einer ganzheitlich verstandenen Gemeinschaftsschule nicht vergessen werden, die allgemeine Kinder- und Jugendhilfe. Sie bietet Hilfe über den schulischen Kontext hinaus an, für die Familie, für die Freizeit, für die gesellschaftliche Integration und Inklusion.

Die deutsche Kinder- und Jugendhilfe ist nach ihrer Reform Anfang der neunziger Jahre des letzten Jahrhunderts zu einer erprobten und (zumindest im Weltmaßstab) in vieler Hinsicht auch vorbildlichen Institution gereift. Sie setzt nach § 1 SGB VIII auf Eigenverantwortlichkeit und Gemeinschaftsfähigkeit, beide Erziehungsziele sind auch Inhalte einer wohlverstandenen Gemeinschaftsschule, die Eigenverantwortlichkeit keineswegs abschaffen, wohl aber in den Kontext der Gemeinschaftsfähigkeit stellen möchte.

Die Möglichkeiten des SGB VIII sind vielfältig, sie eröffnen in einem ersten Block Leistungen wie **allgemeine Fördermaßnahmen** und individuelle Hilfen, in einem zweiten Block ermöglichen sie Interventionen, die dem Schutz der Jugendlichen, der Aufsicht über Einrichtungen und anderen Aufgaben dienen. Die in den §§ 11 (Jugendarbeit), 12 (Förderung der Jugendverbände), 13 (Jugendsozialarbeit), 14 (Erzieherischer Kinder- und Jugendschutz), 16 ff. SGB VIII (Erziehung in der Familie) angebotenen Fördermaßnahmen sind relativ breit aufgestellt und ermöglichen für ein großes Spektrum junger Menschen mit und ohne Benachteiligungen Förderungen, die die schulischen Fördermaßnahmen gut ergänzen können.

Für spezifische Bedarfe bieten die **§§ 27 ff. SGB VIII Hilfen** an, nicht nur wie in § 35a für seelisch „behinderte" Kinder und Jugendliche, sondern ganz generell, wenn die entsprechende Erziehung nicht gewährleistet ist. Die Optionen sind ebenfalls vielfältig, von der Erziehungsberatung (§ 28), über die Soziale Gruppenarbeit (§ 29), den Erziehungsbeistand (§ 30), die Sozialpädagogische Familienhilfe (§ 31) und die Erziehung in der Tagesgruppe (§ 32) bis hin zu stationären Maßnahmen und zur intensiven sozialpädagogischen Einzelbetreuung.

Das organisatorische Zentrum komplexerer Entscheidungen ist dabei die, Kinder und Jugendliche (und erforderlichenfalls auch noch junge Erwachsene) und die betroffenen Fachkräfte einbeziehende, **Hilfeplankonferenz (§ 36)**, die nach einer ersten Entscheidungsfindung in regelmäßigen Abständen tagt und den Hilfebedarf fortlaufend zu überprüfen und neu zu definieren hat. Damit allgemeine und schulische Förderung sich nicht gegenseitig blockieren, sondern sich möglichst im Rahmen eines ganzheitlichen Konzeptes ergänzen, ist hier auf eine **Abstimmung zu achten**, die/ der Schulsozialarbeiter/in könnte das Bindeglied für beide Gruppen sein, die Kraft also, die den Abstimmungsbedarf fachlich organisiert.

6. Verzahnung mit den Inklusionsanstrengungen

Beobachtet man die gegenwärtige Bildungsreformszene, so scheinen die Inklusionsanstrengungen zwischen den politischen Parteien konsensfähiger zu sein als das längere gemeinsame Lernen. Das mag an den Vorgaben der Behindertenrechtskonvention liegen, aber auch daran, dass angesichts der deutschen Geschichte (und neuen Aussonderungstendenzen der rechtsextremen Szene) eine erneute Exklusion „Behinderter" als besonders „politisch inkorrekt" (bzw. als gefährlich) gilt, während der Fortbestand von Hauptschule, Realschule und Gymnasium manchen als „historisch bewährt" erscheint. Dabei lassen sich diese beiden Ansätze nicht trennen, weder vom rechtlichen Überbau her, noch hinsichtlich der praktischen Umsetzung.

6.1. Gemeinsame rechtliche Rahmenbedingungen

Schon von den rechtlichen Rahmenbedingungen her lassen sich deutliche Gemeinsamkeiten feststellen.

International: CRC und CRPD

Die Wertsetzungen und Forderungen der Vereinten Nationen (UN) haben hinsichtlich unserer Kinder und Jugendlichen vor allem in zwei Konventionen ihren Ausdruck gefunden, der CRC (Convention on the Rights of the Child = Übereinkommen über die Rechte des Kindes) und der CRPD (Convention on the Rights of Persons with Disabilities = Übereinkommen über die Rechte von Menschen mit Behinderungen – Behindertenrechtskonvention).

Das Übereinkommen über die Rechte des Kindes vom 20. November 1989 (Bundesgesetzblatt 1992 II S. 122, bekanntgemacht am 10. Juli 1992) ist die frühere Konvention, es regelt vor allem den Schutz und die Rechte des Kindes, sie gilt gleichermaßen für „behinderte" wie für nicht „behinderte" Kinder. Schon in der Präambel wird festgehalten, dass hinsichtlich der Rechte der Kinder eine **Unterscheidung nach der sozialen Herkunft** nicht zulässig ist, dies wird im Diskriminierungsverbot in Art. 2 noch einmal ausdrücklich wiederholt. Art. 28 sichert das Recht auf Bildung (Unentgeltlichkeit, Angebote zur Allgemeinbildung und zur Berufsbildung, Verringerung von Schulabbrüchen), Art. 29 beschreibt Bildungsziele (Entwicklung der Persönlichkeit, Achtung vor den Menschenrechten und kulturellen Werten ...). Diesen Regelungen kann man zwar keine Entscheidung für ein bestimmtes Schulsystem entnehmen, doch ist oben bereits ausgeführt worden, dass nach den PISA Ergebnissen das gegliederte Schulsystem eine solche soziale Schichtung verstärkt und dass die mit diesem System verbundene Selektion durch Notengebung Schulabbrüche fördert; diese auch nach der Konvention unerwünschten Entwicklungen könnten in einer Gemeinschaftsschule verringert werden.

Die Behindertenrechtskonvention vom 13. Dezember 2006 (Bundesgesetzblatt 2009 II S. 812, in Kraft seit dem 26. März 2009, bekannt gemacht am 5. Juni 2009) ergänzt obiges Übereinkommen speziell hinsichtlich der Menschen mit Behinderungen (Art. 1). Es stellt daneben aber auch noch eine über diese Gruppe hinausgehende Weiterentwicklung dar, wenn in Art. 3 allgemeine Grundsätze genannt werden und in diesem Zusammenhang die **volle und wirksame Teilhabe** an der Gesellschaft und die Einbeziehung in die Gesellschaft (Art. 3 c), die Chancengleichheit (Art. 3 e) und die Zugänglichkeit (Art. 3 f) als grundlegende Forderungen formuliert werden. Art. 24 betrifft die Bildung, gewährt ausdrücklich Menschen mit Behinderungen „das Recht" auf Bildung und fordert in Abs. 1 Satz 2 in der englischen Originalfassung eine „inclusive" education, was in der offiziellen deutschen Übersetzung leider mit dem weniger starken Begriff „integratives" Bildungssystem auf der Grundlage der Chancengleichheit übersetzt worden ist (vgl. zur Begrifflichkeit auch die Einleitung). Der Gedanke des gemeinsamen Unterrichts wird im Abs. 2 b) wieder aufgegriffen, wenn erneut ein integrativer, hochwertiger und unentgeltlicher Unterricht verlangt wird und wenn in e) wirksame individuell angepasste Unterstützungsmaßnahmen mit dem Ziel der vollständigen Integration gefordert werden.

Die Normierungen der Konventionen und insbesondere der Behindertenrechtskonvention werden zwar teilweise nur als sog. Programmsätze verstanden (so offenbar der Hessische Verwaltungsgerichtshof in seinem Beschluss vom 12. November 2009, 7 B 2763/09, URL 12). Die Monitoring-Stelle zur UN-Behindertenrechtskonvention (Deutsches Institut für Menschenrechte 2010) hat in einem überzeugenden Gutachten aber dargelegt, dass durch die Zustimmung des Bundesgesetzgebers gemäß Art. 59 Abs. 2 GG daraus eine **innerdeutsche Rechtsverpflichtung** geworden ist. Auch der Hinweis, Bildung sei in Deutschland Ländersache, steht dem nicht entgegen, denn durch die im Ratifikationsverfahren erfolgte Zustimmung des Bundesrates (also der Ländervertretung) am 19. Dezember 2008 ist die Konvention auch für die Länder verbindlich geworden.

Die **Forderungen der Konventionen** lassen sich mit einem wie bisher stark gegliederten Schulsystem kaum verwirklichen, Chancengleichheit und Zugänglichkeit sind nach den vorigen Ausführungen wohl nur über eine **Gemeinschaftsschule** zu erreichen. Und es erscheint kaum vorstellbar, dass wir Menschen mit Behinderungen mit aller Kraft integrieren (bzw. besser noch: inklusiv Teilhabe organisieren), während wir unterschiedliche Begabungen und (zumindest faktisch auch) soziale Unterschiede zum Anlass nehmen zu segregieren.

Europäisch: EU GR-Charta

Die am 7. Dezember 2000 proklamierte und am 1. Dezember 2009 in Kraft getretene Charta der Grundrechte der Europäischen Union (EU-GR-Charta) regelt neben weiteren zahlreichen Grundrechten in Art. 14 auch das Recht auf Bildung. Art. 21 verlangt insoweit die Nichtdiskriminierung, die Regelung ist weit gefasst, enthält aber auch das **Verbot, wegen einer Behinderung oder der sozialen Herkunft** oder des Vermögens zu diskriminieren. Art. 26 verlangt ausdrücklich die Integration von Menschen mit Behinderungen. Ergänzend verlangt im Titel IV mit der Überschrift „Solidarität" der Art. 34 Abs. 3, die soziale Ausgrenzung und die Armut zu bekämpfen und entwickelt zu diesem Zweck ein Recht auf soziale Unterstützung.

Das Verbot der Diskriminierung aus sozialen Gründen oder wegen einer Behinderung und die Integrations- und Solidaritätsforderung lassen sich ebenfalls mit einer **Gemeinschaftsschule** viel besser realisieren als in einem vertikal zergliederten Schulsystem.

Deutsch: Das Grundgesetz

Auch das deutsche Grundgesetz enthält, wie oben unter 1.1. bereits dargelegt, ähnliche Regelungen. Art. 3 regelt die Gleichheit vor dem Gesetz, das gilt nach Abs. 3 Satz 2 ausdrücklich für Menschen mit Behinderungen, die sozialen Umstände werden zwar nicht ausdrücklich erwähnt, doch darf nach Abs. 3 ganz generell niemand wegen seiner Herkunft benachteiligt werden, das gilt auch für das Schulwesen (Art. 7 GG). Art. 20 GG, der die Säulen unseres Staatssystems regelt, geht insofern aber noch weiter, er schafft mit dem Sozialstaatsprinzip auch Teilhaberechte, so den Anspruch auf Förderung und Unterstützung. Diese Grundsätze gelten gleichermaßen für Menschen mit sozialen Benachteiligungen wie auch für Menschen mit Behinderungen.

Auch aus diesen Vorschriften lässt sich zwar nicht ausdrücklich ein bestimmtes Schulsystem ableiten, sie legen es aber nahe, über ein Schulsystem nachzudenken, welches derartige Benachteiligungen verhindert und gleichzeitig die Ansprüche auf Förderung und Unterstützung bestmöglich durchsetzt. Die **Gemeinschaftsschule** ist dazu der vernünftige Weg.

6.2. Gemeinschaftsschule und Inklusive Schule

Über die rechtlichen Gemeinsamkeiten hinaus lassen sich auch in der praktischen Umsetzung große Deckungsbereiche zwischen Gemeinschaftsschule und inklusiver Schule erkennen.

In der Praxis ist nicht selten schon die **Grenzziehung** zwischen einer „Behinderung" im engeren Sinne und einer „Benachteiligung" durch soziale Schichtung **schwierig**. „Behinderungen" werden typischerweise in dauerhaftere körperliche, geistige und psychische Aspekte unterteilt, insbesondere die psychischen Behinderungen sind aber nicht selten auch durch länger andauernde Lern- und Verhaltensstörungen gekennzeichnet. Hier gibt es eine fließende Grenze zur sozialen Benachteiligung, denn Lern- und Verhaltensstörungen sind häufig mit sozialen Defiziten und mit sozialen Benachteiligungen verbunden. Das gilt auch für Förderungen, Hilfen und sonstige Kompensationsmöglichkeiten, auch ihre Wirkungen sind nicht immer spezifisch, nicht selten bewirken sie allgemeine Veränderungen, eine klare Grenzziehung ist jedenfalls auch insofern regelmäßig nicht immer möglich.

Gemeinschaftsschule und inklusive Schule **basieren auf dem gemeinsamen Unterricht**, die jungen Menschen besuchen als Regel gemeinsam die Klassen. Die Gemeinschaftsschule ist dabei eher ein Weniger als ein Mehr zur Inklusion, wer Inklusion umsetzen will, muss auf dem Weg dorthin Gemeinschaftsschule realisieren, Gemeinschaftsschule ist ein wichtiges Teilstück eines inklusiven Unterrichts, der über die Gemeinschaftsschule hinaus noch eine erhöhte Toleranz und Förderung verlangt.

Insbesondere aber ist die praktische Umsetzung der Inklusion mit zahlreichen Veränderungen verbunden, die eigentlich als die Basis einer Gemeinschaftsschule angesehen werden können. Um Inklusion und Gemeinschaftsschule auch leben zu können, empfehlen sich **Ganztagsschulen**, Schulen, die einerseits den Eltern, häufig den Müttern, größere Freiräume und insbesondere auch eine berufliche Tätigkeit ermöglichen und andererseits in den nicht allein durch Wissensvermittlung geprägten Zeiten auch Raum und Zeit für soziales Lernen und Normalität im Umgang eröffnen können. Wir benötigen für den gemeinsamen Unterricht **selbstständige Schulen**, die sich zwar einerseits an gemeinsame Lehrpläne halten, die aber andererseits die konkreten Anforderungen der Region und die individuellen Bedürfnisse einzelner Schülerinnen und Schüler mit und ohne besonderen Bedarf beurteilen und darauf angemessen reagieren können. Erforderlich ist für beide Ansätze eine **Binnendiffe-**

renzierung, wenn möglich innerhalb derselben Klasse, durch zieldifferentes Lernen, durch die Ergänzung bzw. Ersetzung eines Notensystems durch einen Kompetenzbericht, insbesondere aber durch Förderkonzepte. Sowohl Inklusion als auch Gemeinschaftsschule verlangen eine Neuausrichtung der **Didaktik**, für die Vermittlung des Lehr- und Lernstoffes ist die didaktische Nutzung der ganzen interaktiven Situation erforderlich, das Zusammenspiel von Schülerbedarf, situativen Umständen und Lehrerkompetenz ist wichtig, nicht mehr nur die Anpassung der Schülerinnen und Schüler an unterschiedliche Lehrerinnen und Lehrer, sondern die wohlwollende Interaktion wird zur Aufgabe, neue Lernformen wie Projektarbeit oder Metalernen und günstige schulische **Rahmenbedingungen** sind dabei hilfreich.

Inklusion und Gemeinschaftsschule benötigen gleichermaßen eine geänderte **Lehrerausbildung**, Stufenlehrinnen und -lehrer, die Unterrichtsprinzipien und Lebenszeiträume, nicht nur Schultypen unterrichten können, und einen deutlich erhöhten **Pädagogikanteil**, der es ihnen ermöglicht, professionell mit jungen Menschen zu arbeiten, ohne pausenlosen Überforderungen und damit dem Burnout ausgeliefert zu sein. Lehrende müssen selbst zu lebenslang Lernenden werden und sich daran gewöhnen, sich an stets neue Klassen, neue Materialien und neue Didaktik anzupassen, sie müssen wie Hochschullehrerinnen und -lehrer bereit sein, sich das Verständnis von Benachteiligungen, Verhaltensauffälligkeiten oder Krankheitsbildern selbst zu erarbeiten und individuelle Interventionen zu entwickeln.

Und wenn sie dabei nicht weiterkommen, benötigen Sie ein **Netzwerk** von Fachkräften wie Schulsozialarbeiterinnen, Förderschulpädagoginnen, Heilpädagoginnen, Psychologinnen, aber auch Schulassistentinnen und andere Unterstützer, die die komplexen Ursachen von Schulschwierigkeiten erkennen und bei erfolgversprechenden Interventionen helfen können, das betrifft Schülerinnen und Schüler mit Benachteiligungen und Behinderungen, aber auch solche mit Lernschwächen und besonderen Begabungen.

6.3. Zeitschienen und Umsetzungsschritte

Aus den bisherigen Überlegungen sollte deutlich geworden sein, dass die Einführung der Gemeinschaftsschule auch unter den gegenwärtigen Bedingungen keineswegs eine schulische Revolution bedeutet, sondern in zeitlicher Analogie zur Einführung des inklusiven Unterrichts eine ebenso sinnvolle wie auch lösbare Aufgabe ist.

Zeitschienen

Demokratisch legitimierte Politik hat sich in regelmäßigen Abständen dem Willen des Volkes zu unterwerfen, typischerweise am Ende einer 4- oder 5-jährigen **Legislaturperiode**. Ein neues Konzept muss in der Bevölkerung, unter Fachleuten, innerparteilich und unter den Abgeordneten diskutiert und abgestimmt werden, bevor darüber per Gesetz entschieden werden kann. Da Schulreformen regelmäßig medial aufgegriffen und vielfältig diskutiert werden, sollte eine solche Reformdiskussion möglichst frühzeitig begonnen und dann immer weiter spezifiziert werden, damit sie noch im Verlauf der Legislaturperiode einer möglichst breiten parlamentarischen Entscheidung zugeführt werden kann.

Die konkreten Umsetzungsmaßnahmen dürften sich aber wohl über mehrere Legislaturperioden hinziehen. Dies liegt an der **prozeduralen Entwicklung**. Bis Veränderungen der Lehrerbildung (zum Stufenlehrer) greifen, sind erhebliche Fortbildungsmaßnahmen erforderlich, damit die Philosophie der Gemeinschaftsschule und insbesondere auch pädagogische Defizite aufgefangen werden, so dass die Lehrerinnen und Lehrer nicht überfordert werden. Die Schulen benötigen auch Zeit, um innere Umstrukturierungen (evtl. veränderte Räumlichkeiten, Ausrichtung auf die Förderung, Materialien für eine neue Didaktik, Schaffung von Netzwerken usw.) umsetzen zu können.

Zur Einführung des inklusiven Unterrichts gibt es dabei allerdings **sehr weitgehende Synergieeffekte**. Auch der inklusive Unterricht verlangt einen auf Gemeinschaft ausgerichteten Diskussions- und Entscheidungsprozess, auch der inklusive Unterricht verlangt eine verstärkte pädagogische Ausrichtung und neue Netzwerke, auch der inklusive Unterricht verlangt innere und äußere Umstrukturierungen. Wer entsprechend der UN-Konvention inklusiven Unterricht einführt, hat die größten Schritte zur Gemeinschaftsschule bereits hinter sich, wer inklusives Lernen ehrlich will, kann dies ohne die Gemeinschaftsschule eigentlich nicht erreichen.

Umsetzungsschritte

Meilensteine einer solchen Entwicklung könnten durch die politische Entscheidung, die sorgfältige Vorbereitung und die praktische Umsetzung gekennzeichnet sein. Sie sind hier angesichts der Komplexität des Vorhabens nicht als fixe und unveränderbare Termine zu verstehen, sondern als mögliche Zeitraster, die einerseits Strukturanregungen, andererseits aber auch Planungshinweise geben.

Meilenstein 1	Politische Entscheidung	in etwa 12 Monaten

Die Einführung der Gemeinschaftsschule könnte ihren Ursprung nehmen in der Veröffentlichung eines Konzeptpapiers, welches diskutiert und ggf. modifiziert wird, und dann in etwa nach Ablauf 12 Monaten (möglichst zusammen mit der Inklusionsdiskussion) in einen einheitlichen Gesetzgebungsprozess einmündet.

Zwischenziele

- breite gesellschaftliche Diskussion über Parteigrenzen hinweg, Beteiligung der Lehrerinnen und Lehrer, der schulischen Mitarbeiterinnen und Mitarbeiter, der Schülerinnen und Schüler, der Eltern, der Träger und der anderen Betroffenen, Aufnahme, Auswertung und ggf. Integration der Anregungen, Positionierung der politischen Gremien
- Abstimmung des weiteren Vorgehens mit der Gesetzgebung zur Einführung des inklusiven Unterrichts, bestmögliche Nutzung von Synergieeffekten
- Klärung der finanziellen Ressourcen, die für die Schulreform als solche vorübergehend durch EU, Bund, Land, Kommunen und andere Stellen und als dauerhafte Kosten (vor allem Land, evtl. Kommunen) umgeschichtet bzw. neu benötigt werden
- Vorbereitung eines neuen Schulgesetzes, welches Bewährtes integriert und die inklusive Gemeinschaftsschule regelt, Details aber späteren Rechtsverordnungen überlassen kann

- parallel dazu Vorbereitung und Verabschiedung eines neuen Lehrerbildungs- und Lehrerfortbildungsgesetzes, welches möglichst ein Stufenlehrersystem einführen und erforderliche Fortbildungen organisieren sollte
- am Ende dieses Zeitraums Verabschiedung der erforderlichen Rahmengesetze, um die weiteren Prozesse in Gang zu bringen

Meilenstein 2	Abschluss der Vorbereitung	in etwa 24 Monaten

In der anschließenden, etwa 12 Monate dauernden Vorbereitungsphase, sollten durch Arbeitsgruppen, modellhafte Projekte, konkrete Zielvereinbarungen, finanzielle Unterstützung und wissenschaftliche Begleitung der Hochschulen die Vorbereitungen für die Einführung der Gemeinschaftsschule so abgeschlossen werden, dass diese zum Beginn des nächsten Schuljahres als Regelschule eingeführt werden kann.

Zwischenziele

- landesweite Orientierung der vorhandenen Schulen (Regionalschulen, Gesamtschulen, Gymnasien, weitere Schulen) auf den gemeinsamen Unterricht während der Klassen 4 bis 10, Absprache mit den Trägern, Bewilligung von notwendigen Unterstützungsmaßnahmen, evtl. damit verbunden Zielvereinbarungen
- Die einzelnen Schulen organisieren sich innerhalb von vorgegebenen Rahmenplänen als Selbstständige Schulen in Richtung auf gemeinsamen Unterricht bis zur Klasse 8 bzw. 10, sie verstärken die schulischen Diagnose- und Fördermöglichkeiten, Best-Practice Erfahrungen dienen als Leuchttürme
- Entwicklung neuer Feedbackformen und Leistungsbewertungssysteme, Auswertung internationaler Erfahrungen, Verzicht auf segregierende Abschlussnoten und auf das „Sitzenbleiben", Hinwendung zu Entwicklungs- und Förderberichten, zu motivierendem Feedback (einschließlich bewertender Tests) und zu intensiver Befassung mit dem Einzelnen, wenn er Unterstützung braucht
- grundsätzlicher Verzicht auf Förderschulen, Einsatz der freiwerdenden Lehrkräfte für die Förderung von Schülerinnen und Schülern in den Regelschulen und die Beratung der Lehrerinnen und Lehrer vor Ort (wobei es große Synergien zum inklusiven Unterricht geben dürfte)
- Umstrukturierung ausgewählter Förderschulen zu bezirklichen (oder auf Schulämter bezogenen) Förderzentren, die die freiwerdenden Ressourcen für die Diagnostik und Förderung schwieriger Fälle, notfalls auch in zeitweiliger Einzelbeschulung nutzen und in sehr ausgewählten Fällen (z.B. schwere Mehrfachbehinderung) auch stationären Unterricht organisieren, der möglichst durch den stundenweisen Besuch allgemein bildender Schulen ergänzt wird
- Aufbau von Institutionen übergreifenden Netzwerken, die je nach Bedarf, insbesondere auch unter Einbeziehung des Jugendamtes, weitere Beratungen ermöglichen und Maßnahmen der Kinder- und Jugendhilfe oder auch ergänzende Hortangebote unterbreiten

Meilenstein 3	Weitgehende Umsetzung	in etwa 36 bis 60 Monaten

Nach der Vorbereitungsphase sollte mit dem Beginn des nächsten Schuljahres eine flächendeckende Einführung der Gemeinschaftsschule erfolgen, die nach insgesamt etwa 60 Monaten, also 5 Jahren, weitgehend abgeschlossen sein sollte.

Teilziele

- flächendeckende Einführung der Gemeinschaftsschule im Bundesland, kleinere Nachsteuerungen durch Rechtsverordnungen
- Begleitung, insbesondere der Lehrerinnen und Lehrer durch kollegiale Beratung, Supervisionen und alternative Modelle, damit mögliche Konflikte professionell aufgefangen und bearbeitet werden können
- mit dem Ende dieser Phase sollte die fortlaufende wissenschaftliche Begleitung durch Hochschulen des Landes in Evaluationsberichte einmünden, die den erreichten Stand ehrlich dokumentieren und Verbesserungsvorschläge unterbreiten
- fortlaufend Optimierung unter Berücksichtigung der guten und schlechten Erfahrungen, Installierung eines dauerhaften Qualitätsmanagements

Quellen

1. Literatur

Adler, A.: Praxis und Theorie der Individualpsychologie. Vorträge zur Einführung in die Psychotherapie für Ärzte, Psychologen und Lehrer (1930). Neu herausgegeben von W. Metzger. Frankfurt/M. 1978.

Allmendinger J. u.a.: Unzureichende Bildung: Folgekosten für die öffentlichen Haushalte. Eine Studie des Wissenschaftszentrum Berlin für Sozialforschung im Auftrag der Bertelsmann Stiftung. Gütersloh 2011.

Altrichter, H. & Rürup, M.: Schulautonomie und die Folgen. In: Altrichter, H. & Maag Merki, K.: Handbuch Neue Steuerung im Schulsystem. Wiesbaden 2010.

Arbeitsgemeinschaft für Bildung, AfB: Übergänge im Bildungssystem erfolgreich gestalten. Expertenanhörung am 26.11.2010. SPD-Parteivorstand, Wilhelmstraße 141, 10963 Berlin.

Arbeitsgemeinschaft für Bildung, AfB: Unveröffentlichter Beschluss des Bundesvorstandes vom April 2012. Wilhelmstraße 141, 10963 Berlin.

Autorengruppe Bildungsberichterstattung: Bildung in Deutschland 2010 – Ein indikatorengestützter Bericht mit einer Analyse zu Perspektiven des Bildungswesens im demographischen Wandel. Bielefeld 2010.

Autorengruppe Bildungsberichterstattung: Bildung in Deutschland 2012 – Ein indikatorengestützter Bericht mit einer Analyse zur kulturellen Bildung im Lebenslauf. Bielefeld 2012.

Bartnitzky, H.: Das Dilemma der Grundschule: zu kurz und zu ausleseorientiert. Position des Grundschulverbandes. In: Heyer, P., Sack, L. & Preuss-Lausitz, U.: Länger gemeinsam lernen. Positionen – Forschungsergebnisse – Beispiele. Frankfurt/M 2003, 16-21.

Baumert, J. u.a. (Hg.): PISA 2000. Zusammenfassung zentraler Befunde. Max-Planck-Institut für Bildungsforschung. Berlin 2001.

Baumert, J., Maaz, K. & Trautwein, U.: Bildungsentscheidungen. Zeitschrift für Erziehungswissenschaft. Sonderheft 12. Wiesbaden 2009.

Baumert, J., Bos, W., & Lehmann, R.: TIMSS/III: Dritte Internationale Mathematik- und Naturwissenschaftsstudie – Mathematische und naturwissenschaftliche Bildung am Ende der Schullaufbahn. Opladen 2000.

Beer, S.: Es ist der Wurm drin. Argumente für eine längere gemeinsame Schulzeit. In: Heyer, P., Sack, L. & Preuss-Lausitz, U.: Länger gemeinsam lernen. Positionen – Forschungsergebnisse – Beispiele. Frankfurt/M 2003, 29-33.

Bos, W. u.a. (Hg.): Erste Ergebnisse aus IGLU. Schülerleistungen am Ende der vierten Jahrgangsstufe im internationalen Vergleich. Münster 2003.

Bos, W. u.a. (Hg.): IGLU 2006. Lesekompetenzen von Grundschulkindern in Deutschland im internationalen Vergleich. Münster 2007.

Boulet, J., Krauss, J. & Oelschlägel, D.: Gemeinwesenarbeit. Eine Grundlegung. Bielefeld 1980.

Bourdieu, P.: Die feinen Unterschiede. Kritik der gesellschaftlichen Urteilskraft. Frankfurt/M 1996.

Bourdieu, P: Kulturelle Reproduktion und soziale Reproduktion. In: Bourdieu, P.: Grundlagen einer Theorie der symbolischen Gewalt. Frankfurt/M. 1973, 88-137.

Brodkorb, M. & Koch, K.: Das Menschenbild der Inklusion. Ministerium für Bildung, Wissenschaft und Kultur Mecklenburg-Vorpommern 2012.

Brüning, L. & Saum, T.: Erfolgreich unterrichten durch kooperatives Lernen. Essen 2006.

Bundesministerium für Familien, Senioren, Frauen und Jugend: Familienreport 2010. Berlin 2010.

Cortina u.a. (Hg.): Das Bildungswesen in der Bundesrepublik Deutschland. Strukturen und Entwicklungen im Überblick. Hamburg 2003.

Demmer, M.: Argumente für eine überfällige Entscheidung. In: Heyer, P., Sack, L. & Preuss-Lausitz, U.: Länger gemeinsam lernen. Positionen – Forschungsergebnisse – Beispiele. Frankfurt/M 2003, 34-38.

Deutsche UNESCO-Kommission e.V.: Inklusion: Leitlinien für die Bildungspolitik. Colmantstr. 15, 53111 Bonn.

Deutsches Institut für Menschenrechte, Aichele, V.: Stellungnahme der Monitoring-Stelle zur UN-Behindertenrechtskonvention. Gleichzeitig eine Kritik an dem Beschluss des Hessischen Verwaltungsgerichtshofs vom 12. November 2009 (7 B 2763/09). Berlin, August 2010.

Dewey, J.: Erfahrung und Erziehung. München 1974 (1938).

DGB Bundesvorstand: „Konsequent: Eine gute Schule für alle" – Gewerkschaften zur Schule der Zukunft. DGB Bundesvorstand 2009, Henriette-Herz-Platz 2, 10178 Berlin.

Diehm, I.: Kindergarten und Grundschule. In: Helsper, W. & Böhme, J.: Handbuch der Schulforschung. Wiesbaden 2008. 557-575.

Erdsiek-Rave, U. & John-Ohnsorg, M. (Hg.): Bildungskanon heute. Friedrich-Ebert-Stiftung, Berlin 2012.

Erdsiek-Rave, U: Bildungskanon heute – Eine Einleitung. In: Erdsiek-Rave, U. & John-Ohnsorg, M. (Hg.): Bildungskanon heute. Friedrich-Ebert-Stiftung, Berlin 2012, 9-14.

Expertenkommission "Zukunft der Erziehung und Bildung unter Berücksichtigung des lebenslangen Lernens in Mecklenburg-Vorpommern" (Hg.): Zur Entwicklung eines zukunftsfähigen Bildungssystems in Mecklenburg-Vorpommern. Bericht mit Empfehlungen der Expertenkommission. Schwerin Juni 2008.

Feyerer , E. & Prammer , W.: Gemeinsamer Unterricht in der Sekundarstufe I. Anregungen für eine integrative Praxis. Berlin 2003.

Feyerer, E.: Behindern Behinderte? Integrativer Unterricht auf der Sekundarstufe I. Innsbruck 1998.

Friebertshäuser, B.: Statuspassage von der Schule ins Studium. In: Helsper, W. & Böhme, J.: Handbuch der Schulforschung. Wiesbaden 2008, 611-627.

Friedrich Ebert Stiftung, Landesbüro Thüringen (Hg.): Länger gemeinsam lernen. Dokumentation einer Tagung vom 8. und 9. Juni 2007. Bonn 2007.

Friedrich Ebert Stiftung, Landesbüro Thüringen (Hg.): Längeres gemeinsames Lernen in Thüringen. Ergebnisse einer Bevölkerungsbefragung. Bonn 2010.

GEW Hauptvorstand: Eine Schule für alle. GEW Hauptvorstand 2006, Reifenberger Straße 21, 60489 Frankfurt/M.

Gresch, C., Baumert, J. & Maaz, K.: Empfehlungsstatus, Übergangsempfehlung und der Wechsel in die Sekundarstufe I. In: Baumert, J., Maaz, K. & Trautwein, U.: Bildungsentscheidungen. Zeitschrift für Erziehungswissenschaft. Sonderheft 12, Wiesbaden 2009, 230-256.

Hattie, J.: Visible Learning: A Synthesis of Over 800 Meta-Analyses Relating to Achievement. London 2009.

Helmke, A.: Mit Bildungsstandards und Kompetenzen unterrichten – Unterrichtsqualität und Lehrerprofessionalität. Troisdorf 2009.

Helmke, A.: Selbstvertrauen und schulische Leistungen. Göttingen 2009a.

Helsper, W. & Böhme, J.: Handbuch der Schulforschung. 2. Auflage. Wiesbaden 2008.

Heyer, P., Sack, L. & Preuss-Lausitz, U.: Länger gemeinsam lernen. Positionen – Forschungsergebnisse – Beispiele. Frankfurt/M 2003.

Hubrig, Ch.: Gehirn, Motivation, Beziehung – Ressourcen in der Schule. Systemisches Handeln in Unterricht und Beratung. Heidelberg 2010.

Kampmeier, A.: Quo vadis Inklusion? Vortrag auf der Landeskonferenz der Arbeitsgemeinschaft für Bildung in Mecklenburg-Vorpommern, Güstrow 4. Mai 2012, unveröffentlicht.

KBS World, das deutsche Programm aus Seoul: Das koreanische Schulsystem und seine Besonderheiten. 22.01.2011: URL 8: http://world.kbs.co.kr/german/program/program_qna_detail.htm?No=480).

Keym, W.: 200 Jahre Gymnasium in Deutschland. Zeitschrift Gymnasium 1, 99, 1-8.

Klafki, W.: Brauchen wir auch in Deutschland eine längere gemeinsame Schulzeit für alle Kinder und Jugendlichen? In: Heyer, P., Sack, L. & Preuss-Lausitz, U.: Länger gemeinsam lernen. Positionen – Forschungsergebnisse – Beispiele. Frankfurt/M 2003, 44-48.

Klemm, K. & Preuss-Lausitz, U.: Auf dem Weg zur schulischen Inklusion in Nordrhein-Westfalen. Empfehlungen zur Umsetzung der UN-Behindertenrechtskonvention im Bereich der allgemeinen Schulen. Essen 2011.

Klemm, K.: Jugendliche ohne Hauptschulabschluss. Analysen – Regionale Trends – Reformansätze. Gütersloh 2010.

Klemm, K.: Vier starke empirische Befunde zur gemeinsamen Schule. In: Heyer, P., Sack, L. & Preuss-Lausitz, U.: Länger gemeinsam lernen. Positionen – Forschungsergebnisse – Beispiele. Frankfurt/M 2003, 49-53.

Klieme, E. u.a.: Pisa 2009. Bilanz nach einem Jahrzehnt. Münster 2010.

Koch, H.: Schließt der Kompetenzansatz des Forum Bildung einen Bildungskanon aus? In: Erdsiek-Rave, U. & John-Ohnsorg, M. (Hg.): Bildungskanon heute. Friedrich-Ebert-Stiftung, Berlin 2012, 105-110.

Koch, K.: Von der Grundschule zur Sekundarstufe. In: Helsper, W. & Böhme, J.: Handbuch der Schulforschung. Wiesbaden 2008, 577-592.

Konsortium Bildungsberichterstattung: Bildung in Deutschland – Im Auftrag der Ständigen Konferenz der Kultusminister der Länder in der Bundesrepublik Deutschland und des Bundesministeriums für Bildung und Forschung – Ein indikatorengestützter Bericht mit einer Analyse zu Bildung und Migration. Bielefeld 2006.

Maaz, K. u.a.: Herkunft zensiert? Leistungsdiagnostik und soziale Ungleichheiten in der Schule. Eine Studie im Auftrag der Vodafone Stiftung Deutschland. Am Seestern 1, 40547 Düsseldorf. 14. Dezember 2011.

Maaz, K., Baumert, J. & Trautwein, U.: Genese sozialer Ungleichheit im institutionellen Kontext der Schule: Wo entsteht und vergrößert sich soziale Ungleichheit? In: Baumert, J., Maaz, K. & Trautwein, U.: Bildungsentscheidungen. Zeitschrift für Erziehungswissenschaft. Sonderheft 12, Wiesbaden 2009, 11-46.

Mathies, A. & Skiera, E.: Das Bildungswesen in Finnland. Kempten 2009.

Neill, A. S.: Theorie und Praxis der antiautoritären Erziehung (1969). Reinbek 2009.

Northoff, R.: Kompetenzen der Arbeits- und Problembewältigung. Weinheim 2012b.

Northoff, R.: Methodisches Arbeiten und therapeutisches Intervenieren. Weinheim 2012a.

Northoff, R.: Sozialisation, Sozialverhalten und soziale Auffälligkeiten. Weinheim 2012c.

OECD, PISA 2009, Band I: Was Schülerinnen und Schüler wissen und können – Schülerleistungen in Lesekompetenz, Mathematik und Naturwissenschaften. OECD 2010.

OECD, PISA 2009 Results, Volume II: Overcoming Social Background – Equity in Learning Opportunities and Outcomes. OECD 2010.

OECD, PISA 2009 Results, Volume IV: What Makes a School Successful? Resources, Policies and Practices. OECD 2010.

OECD, Pro-Kopf-Nationaleinkommen: Die OECD in Zahlen und Fakten 2011-2012: Wirtschaft, Umwelt, Gesellschaft. OECD Publishing 2012.

Pätzold, G.: Übergang Schule – Berufsausbildung. In: Helsper, W. & Böhme, J.: Handbuch der Schulforschung. Wiesbaden 2008, 593-610.

Picht, G.: Die deutsche Bildungskatastrophe, Analyse und Dokumentation. Freiburg/B. 1964, 16-35.

PISA-Konsortium Deutschland, Prenzel u.a. (Hg.): PISA 2006 in Deutschland. Die Kompetenzen der Jugendlichen im dritten Ländervergleich. Münster 2008.

Prengel, A.: Pädagogik der Vielfalt. Wiesbaden 2006.

Prenzel, M. u.a.: PISA 2003. Der Bildungsstand der Jugendlichen in Deutschland – Ergebnisse des zweiten internationalen Vergleichs. Münster 2004.

Prenzel, M. u.a.: PISA 2006. Die Ergebnisse der dritten internationalen Vergleichsstudie. Münster 2007.

Prognos AG (Autorengruppe): Demographie als Chance. Im Auftrag der Robert Bosch Stiftung (Hg.). Stuttgart 2006.

Quenzel, G. & Hurrelmann, K.: Bildungsverlierer. Neue Ungleichheiten. Wiesbaden 2010.

Rauer, W. & Schuck, K.: Die Hamburger Grundschulen und Grundschulklassen mit einer formellen Integrationsorganisation. In: KESS 4: Lehr- und Lernbedingungen in Hamburger Grundschulen. Weinheim 2007, 219-254.

Rechtien, W.: Angewandte Gruppendynamik. 4. Auflage. Weinheim 2007.

Riedo, D.: "Ich war früher ein sehr schlechter Schüler ..." - Schule, Beruf und Ausbildungswege aus der Sicht ehemals schulleistungsschwacher junger Erwachsener. Bern 2000.

Roland Berger Strategy Consultants, Bertelsmann Stiftung, Bild und Hürriyet: Zukunft durch Bildung – Deutschland will's wissen. Ergebnisse einer Online-Befragung. URL 2: www.bildung2011.de.

Salend, S.: So what's with our inclusion program? Evaluating educators' experiences and perceptions. Teaching Exceptional Children. Columbus, Ohio: Merrill/ Prentice-Hall 1999.

Schlotmann, V.: Längeres gemeinsames Lernen in MV. Bericht über eine Untersuchung von TNS Infratest Sozialforschung. In: Horizonte, Magazin für sozialdemokratische Politik in Mecklenburg-Vorpommern, März 2005.

Schoenfeldt, E.: Der Edle ist kein Instrument. Bildung und Ausbildung in Korea (Republik). Kassel 1996.

Schulz-Hardt, S., Hertel, G. & Brodbeck, F.: Gruppenleistung und Leistungsförderung. In: Schuler, H. & Sonntag, K.-H.: Handbuch der Arbeits- und Organisationspsychologie. Göttingen 2007, 698-706.

Shell Deutschland Holding (Hg.): Jugend 2010 (Shell Jugendstudie). Frankfurt/M. 2010.

SPD-Landtagsfraktion Mecklenburg-Vorpommern: Gute Schule – mehr Chancen. Informationsbroschüre. Schwerin 2005.

Spiewak, M.: Gemeinsam anders. DIE ZEIT. 31. Mai 2012, 33, 34.

Stange, E.: Ein Kanon für allgemeine Bildung im gegliederten Schulsystem. In: Erdsiek-Rave, U. & John-Ohnsorg, M. (Hg.): Bildungskanon heute. Friedrich-Ebert-Stiftung. Berlin 2012, 111-115.

Statistisches Bundesamt Wiesbaden (Hg.): Bildungsfinanzbericht 2011. Wiesbaden 2011.

Statistisches Bundesamt: Bevölkerung und Erwerbstätigkeit – Bevölkerung mit Migrationshintergrund – Ergebnisse des Mikrozensus 2010.

Sutherland, E. & Cressey, D.: Principles of Criminology (1939). Chicago 1955.

Übereinkommen über die Rechte des Kindes: Bundesgesetzblatt 1992 II S. 122, bekannt gemacht am 10. Juli 1992.

Übereinkommen über die Rechte von Menschen mit Behinderungen – Behindertenrechtskonvention: Bundesgesetzblatt 2009 II S. 812, bekannt gemacht am 5. Juni 2009.

Unterleitner, I.: Sozial-integrative Schule: Leistungen der nichtbehinderten Kinder und Einstellungen ihrer Eltern. In: Behinderte in Familie, Schule und Gesellschaft, 13. Soest 1990.

Van Buer, J. & Wagner, C.: Qualität von Schule. Ein kritisches Handbuch. Frankfurt/M 2007.

Verbeet, M.: Bilanz eines Schock-Jahrzehnts. PISA 2000-2009. Spiegel-Online 07.12.2010. URL 6: http://www.spiegel.de/schulspiegel/wissen.

Vereinigung der Bayerischen Wirtschaft e.V. (Hg.): Geschlechterdifferenzen im Bildungssystem – im Vergleich der Bundesländer. Jahresgutachten 2009. München 2009.

Weishaupt, H.: Probleme des dreigliedrigen Schulsystems aus der Sicht der Bildungsforschung. In: Friedrich Ebert Stiftung, Landesbüro Thüringen (Hg.): Länger gemeinsam lernen. Dokumentation einer Tagung vom 8. und 9. Juni 2007. Bonn 2007.

Wenzler, I.: Eine gemeinsame Schule für alle! Position des Gesamtschulverbandes. In: Heyer, P., Sack, L. & Preuss-Lausitz, U.: Länger gemeinsam lernen. Positionen – Forschungsergebnisse – Beispiele. Frankfurt/M. 2003, 22-28.

Wocken, H.: Das Haus der inklusiven Schule. Hamburg 2011.

Wössmann, L: Letzte Chance für gute Schulen. Gütersloh 2007.

2. Internet

URL 1: http://www.kita-portal-mv.de/de/tageseinrichtungen/kita_aufgaben/bildung1.

URL 2: www.bildung2011.de.

URL 3: http://www.tagesschau.de/multimedia/animation/animation192.html

URL 4: https://www.iqb.hu-berlin.de/laendervergleich

URL 5: http://de.statista.com/statistik/daten/studie/197783/umfrage/minderjaehrige-kinder-in-deutschland/

URL 6: http://www.spiegel.de/schulspiegel/wissen

URL 7: http://german.korea.net/AboutKorea/Korea-at-a-Glance/Society

URL 8: http://world.kbs.co.kr/german/program/program_qna_detail. htm?No=480)

URL 9: http://www.gew.de/Eine_Schule_fuer_alle_-_Laenger_gemeinsam_Lernen.html

URL10:http://www.verfassungen.de/de/de45-49/verf45-l1.htm

URL11:https://www.destatis.de/DE/ZahlenFakten/GesellschaftStaat/BildungForschungKultur/Schulen/Schulen.html

URL12:www.rechtsprechung.hessen.de

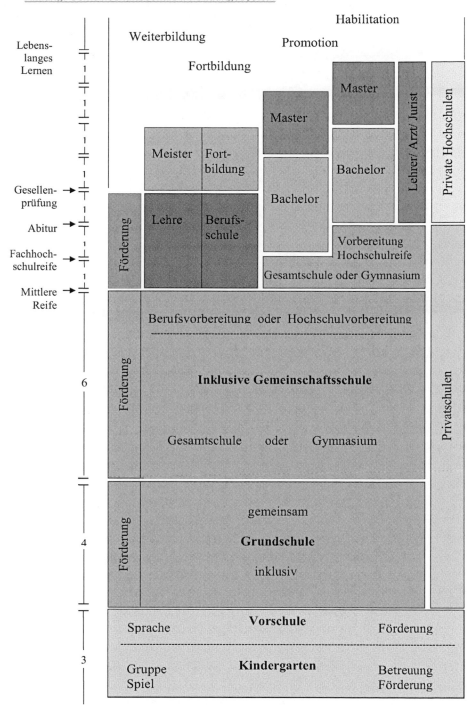